Linda Tellington-Jones
Sybil Taylor

Die Persönlichkeit Ihres Pferdes

Linda Tellington-Jones
Sybil Taylor

Die Persönlichkeit Ihres Pferdes

Die Kunst, Charakter und Temperament Ihres Pferdes zu bestimmen und positiv zu beeinflussen

Deutsch von Andrea Pabel

Franckh-Kosmos

Aus dem Amerikanischen übersetzt von
Andrea Pabel

Titel der Originalausgabe: „Getting in TTouch – Understand and Influence Your Horse's Personality", erschienen 1995 bei Trafalgar Square Publishing Ltd., North Pomfret, Vermont 050535
ISBN 1-57076-018-7
Copyright © 1995 Linda Tellington-Jones mit Sybil Taylor
Illustrations Copyright © 1992 Viking Penguin, a division of Penguin Books USA Inc.

Umschlaggestaltung von Atelier Reichert, Stuttgart, unter Verwendung von Farbfotografien von Gabrielle Boiselle (großes Foto) und Sabine Stuewer.

Die Deutsche Bibliothek-CIP-Einheitsaufnahme

Die Persönlichkeit Ihres Pferdes:
die Kunst, Charakter und Temperament ihres Pferdes zu bestimmen und positiv zu beeinflussen / Linda Tellington-Jones; Sybil Taylor. Dt. von Andrea Pabel. – Stuttgart: Franckh-Kosmos, 1995
   Einheitssacht.: Getting in TTouch <dt.>
   ISBN 3-440-06893-5
NE: Tellington-Jones, Linda; Taylor, Sybil; EST

Schwarzweiß-Fotografien von:
Jodi Frediani: 51/1a+b, 52/2, 53/5, 56, 59/6, 61/9, 12, 62/1, 2, 63/3, 4, 6, 64/1, 2, 65/5, 7, 8, 67/2, 68/5, 7, 9, 75, 79, 81, 86, 92;
Jane Reed & Dennis Egan: 52/3, 3a, 4a+b, 53/6, 7, 58/1, 2, 59/3–5, 60/7, 8, 61/10, 11, 63/5, 7, 64/3, 4, 65/6, 9–11, 66/1–5, 67/1, 68/1–4, 6, 8, 10, 72–74, 76, 77, 80, 82, 83, 85, 86–91, 111–119, 132, 151, 156;
Elizabeth Furth: 78; Pelle Wichmann: 132 u; Marcia Ukura: 149; Copper Love: 169; Phil Pretty: 171–185

Zeichnungen von: Susan Harris: 27–54; Jean MacFarland: 98–110; Laura Maestro: 161–167, 178

Für die deutschsprachige Ausgabe:
© 1995, Franckh-Kosmos Verlags-GmbH & Co., Stuttgart
ISBN 3-440-06893-5
Lektorat: Sigrid Eicher
Herstellung: Lilo Pabel
Printed in Germany / Imprimé en Allemagne
Satz: Steffen Hahn GmbH, Kornwestheim
Druck und buchbinderische Verarbeitung:
Westermann Druck Zwickau GmbH

Die Persönlichkeit Ihres Pferdes

Vorwort _____ 7

**Teil I
Wie man den Charakter eines
Pferdes beurteilt** _____ 9

1. Einführung in die Persönlichkeitsstruktur des Pferdes _____ 11

2. Das Pferd als Individuum _____ 17

3. Die Bestandteile der Analyse _____ 25

Was der Kopf aussagt _____ 26
Das Profil _____ 26
Die Ganaschen _____ 30
„Hubbel" und Höcker _____ 31
Die Maulpartie _____ 32
Die Maulspalte _____ 33
Die Lippen _____ 34
Die Nüstern _____ 36
Das Kinn _____ 38
Die Augen _____ 40
Die Ohren _____ 44

Wirbel _____ 46
Wirbel im Gesicht _____ 48
Sieben verschiedene Gesichtswirbel _____ 51
Wirbel am Körper _____ 54

4. Übungen, die Ihr Auge schulen _____ 55
Profile _____ 58
Ohren _____ 62
Nüstern und Oberlippe _____ 64
Kinnpartie _____ 66
Augen _____ 67

5. Einundzwanzig Persönlichkeitsanalysen _____ 71

**Teil II
Die Gesundheit – Ihre Auswirkung
auf die Persönlichkeit** _____ 95

1. Das Gebäude _____ 97

Maße und Proportionen _____ 98
Das ideale Gebäude _____ 98
Ein langer Rücken _____ 99
Brustumfang und Flanke messen _____ 100
Ein aufgeschürztes Pferd _____ 101

Normales und anormales Gebäude _____ 102
Vorderbeine _____ 102
Hinterbeine _____ 106
Der Hals _____ 109

*Fünf illustrierte Fallstudien von Pferden
mit Gebäudemängeln* _____ 111

*Schweifarbeit für das
Selbstvertrauen* _____ 120

Die Rolle der Extremitäten _____ 121

Die Vorteile des positiven Vorstellungsvermögens _____ 121

2. Schmerzen und Wunden _____ 123

3. Gesundheit und Umwelt _____ 129
Das Futter _____ 129
Parasiten _____ 131
Bewegung und Gesellschaft _____ 133
Der Stall _____ 133

Schilddrüsenstörungen ___ 135
Hormonstörungen ___ 135
Die Sehfunktion ___ 137
Die Ausrüstung ___ 139

**Teil III
Fördern Sie die guten
Eigenschaften Ihres Pferdes** ___ 141

**1. Passen Pferd und Reiter
zusammen?** ___ 143
Passend und unpassend ___ 143
Pferde als Lehrer ___ 148
Den passenden Partner finden ___ 154

**2. TTEAM: Das Werkzeug für
Veränderungen** ___ 157

Der Tellington-TTouch ___ 158
Die Kreise ___ 158
Der Druck ___ 159

Der Wolken-Leopard ___ 161
Der Liegende Leopard ___ 162
Der Waschbär ___ 163
Der Bär ___ 164
Der Schlag mit der Bärenpranke ___ 165
Noahs langer Marsch ___ 166
Den Rücken anheben ___ 167

*Die Untersuchung des Pferdekörpers auf
Schmerz und Streß* ___ 168
Der Untersuchungs-TTouch ___ 168
Die Untersuchung ___ 168

Übungen für den Anfang ___ 170
TTEAM-Bodenübungen ___ 178

Epilog ___ 186

Bezugsquellen ___ 187

Register ___ 188

Vorwort

Linda Tellington-Jones bringt frischen Wind in eine Pferdewelt, die in Konventionen versinkt. Ihre Dynamik, Fröhlichkeit und ständige Neugier prägen ihre erfinderischen, spielerischen und weitreichenden Methoden. Befassen Sie sich mit Linda und ihrer Arbeit, und Sie werden mit Sicherheit auf eine Herausforderung treffen. Wenn Sie offen auf sie zugehen, werden Sie verwandelt werden. Während die moderne Wissenschaft und Kultur darauf bedacht ist, unsere Umwelt – unsere geliebten Pferde mit eingeschlossen – durch Zergliederung und Spezialisierung zu verstehen und zu beherrschen, hat Linda sich daran gemacht, die Teile zu einem neuen Ganzen zusammenzufügen. Wenn wir uns nur auf die Einzelteile konzentrieren, geraten wir in Gefahr, von Pferden in mechanischen Begriffen zu denken. Lindas Arbeit reintegriert die Einzelstücke, und das wieder zusammengefügte Pferd erscheint in seiner ganzen Einzigartigkeit, um mit mehr Respekt, Verständnis und offener Bewunderung behandelt zu werden.

Es ist in vielerlei Hinsicht ein Genuß, dieses Buch zu lesen. Es ist eine enzyklopädische Darstellung jedes denkbaren Elements und Anhaltspunkts, die in die Persönlichkeit hineinspielen. Jeder, der sich ernsthaft mit Pferden beschäftigt, wird durch die Fülle von Informationen auf diesen Seiten dauerhaft bereichert werden. Aber auch dem eher zufälligen Leser wird das Buch auf eindrucksvolle Art die Augen öffnen und ihn auf den Preis aufmerksam machen, den wir für Unwissenheit zahlen, auch wenn wir es noch so gut meinen. Linda stellt sehr klar dar, daß wir zwangsläufig im allerungünstigsten Moment die falschen Schlüsse ziehen, wenn wir das Pferd nicht ganzheitlich sehen. Darüber hinaus bietet „Die Persönlichkeit Ihres Pferdes" eine klare Darstellung der Grundlagen von Lindas neuartigen und zweifelsohne wirksamen Methoden, Pferde *und* ihre Reiter zu unterrichten, zu heilen und zu verwandeln. TTEAM-Arbeit sieht nicht nur einfach aus; sie ist es auch, und sie steht jedem zur Verfügung, der bereit ist, täglich ein paar Minuten auf ihre wirkungsvollen Übungen zu verwenden.

Ich wußte bereits vor zwölf Jahren, als eine dreiteilige Serie in der Zeitschrift EQUUS Linda einem internationalen Publikum vorstellte, daß sie etwas Ungewöhnliches zu sagen hatte. Heute, nachdem ich gesehen habe, wie ihre Arbeit sich entwickelt hat und gewachsen ist, bewundere ich sie sogar noch mehr.

Ami Shinitzky
Gründerin der amerikanischen Fachzeitschriften „EQUUS" und „Dressage Today"

Dieses Buch ist mit größter Dankbarkeit für ihren wesentlichen Einfluß auf mein Leben meiner Schwester Robyn Hood gewidmet, der Erinnerung an meinen Großvater George, der mich den sanften Umgang mit Pferden lehrte, der Erinnerung an meinen Großvater Will Caywood, der mir sein Verständnis der Natur des Pferdes und seine Kenntnisse der überlieferten Weisheiten der Zigeuner schenkte, und dem Geist all der Pferde, die mein Leben bereichert und mein Herz geöffnet haben. Danken möchte ich auch besonders meiner deutschen Lektorin Sigrid Eicher, ohne deren Einsatz das Buch erst viel später fertig geworden wäre, und Andrea Pabel, die meine Gedanken hervorragend ins Deutsche übersetzt hat.

TEIL I

Wie man den Charakter eines Pferdes beurteilt

Kapitel 1

Einführung in die Persönlichkeitsstruktur des Pferdes

Mit zwölf Jahren begann ich mich zum erstenmal für die Persönlichkeit eines Pferdes zu interessieren. Ich wuchs auf einer Farm im ländlichen Alberta in Kanada auf, wo ich meine Fuchsstute Trixie jeden Tag zur Schule ritt, nicht nur zum Spaß, sondern weil ich keine andere Transportmöglichkeit hatte.

Trixie war ohne Zweifel ein Pferd mit einem starken eigenen Willen. Als ich eines Tages zu spät und deshalb allein zur Schule ritt, beschloß sie, daß sie sich nicht ohne die gewohnte Gesellschaft der Pferde meiner Kusinen auf den Weg machen wollte. Sie erteilte mir meine erste Lektion in puncto Pferdeschläue, indem sie mich ohne mit der Wimper zu zucken auf der Straße abwarf und allein nach Hause zurücktrabte.

Meine beiden Großväter waren mit außerordentlicher intuitiver, praktischer und psychologischer Pferdekenntnis gesegnet. Mein Großvater Will Caywood, der mich zutiefst beeinflußt hat, war eine romantische Figur. Als junger Mann, um die Jahrhundertwende, ritt er als Jockey den „Sunshine Circuit" von Chicago bis Florida, das heißt, er ritt auf den verschiedenen Rennbahnen und zog dabei immer mit der Sonne weiter, bis die Saison zu Ende war. Im Jahre 1902 wurde er von einem österreichischen Grafen nach Rußland mitgenommen und trainierte Rennpferde aus dem Stall des Zaren Nicholas II. Die von ihm trainierten Pferde gewannen mit solcher Beständigkeit, daß er im Jahre 1905 als besondere Auszeichnung zum russischen Cheftrainer auf dem Hippodrom, der Rennbahn Moskaus, ernannt wurde.

Viele Jahre später kam auch ich nach Rußland, um meine Ausbildungsmethoden und Reitweise am Moskauer Hippodrom zu unterrichten. Es war wundervoll zu erleben, wie sich ein Kreis schloß, als ich in der großen Halle stand, in der auch er einst gewesen war, und es bewegte mich sehr, daß sein Name immer noch Türen und Herzen in der Moskauer Pferdewelt öffnete.

Mein Großvater hatte mir einmal anvertraut, daß sein Erfolgsgeheimnis in der sehr persönlichen Beziehung bestand, die er und seine Pfleger zu jedem Pferd hatten. Erstens ließ er niemals ein Pferd in einem Rennen starten, das ihm nicht vorher „gesagt" hatte, daß es sich wirklich gut fühlte und bereit sei zu gewinnen, und zweitens wurden alle Pferde in seinem Stall nach dem Putzen eine gute halbe Stunde mit den Händen „abgerieben". Der Pfleger strich dabei kräftig über jeden Zentimeter des Pferdekörpers.

Das Pferdeverständnis meines Großvaters beeinflußte mein Leben von Kindheit an. Mit zwölf Jahren beobachtete ich das Verhalten einer Pferdeherde und bemühte mich, ihre unterschiedlichen Persönlichkeiten und Eigenarten zu erspüren und zu untersuchen. Von Kindesbeinen an hörte ich Bauernweisheiten, die besagten, daß die unterschiedlichen Kopfformen von Pferden auf verschiedene Charaktereigenschaften schließen ließen. Als ich eine Anzeige für ein Buch von Professor James Beery mit grundlegenden Informationen zu diesem Thema sah, bestellte ich es sofort und las mit Interesse, daß eine Ramsnase auf Sturheit und kleine Augen auf Verschlagenheit hindeuten können.

Als Teenager verbrachte ich jeden Nachmittag nach der Schule in den Briarcrest-Ställen in Edmonton. Fünf Jahre lang ritt ich dort und bildete Pferde aus. Briarcrest war besonders als Ausbildungsstall von erfolgreichen Springpferden in allen Disziplinen bekannt. Dort hatte ich jeden Tag mit Pferden von unterschiedlichstem Temperament zu tun und konnte meine Theorien über Pferdepersönlichkeiten überprüfen. Geleitet wurde der Stall von Alice Greaves-Metheral. Sie war dafür berühmt, ein Auge für besonders gute Spring- und Jagdpferde und eine gute Hand für ihre Ausbildung zu haben. Jeden Dienstag abend ging ich zu den Vorträgen, die sie über alles hielt, was mit Pferden zu tun hatte. Dort erweiterte ich mein Wissen über die Persönlichkeit von Pferden und erfuhr, daß der Körperbau eines Pferdes nicht nur sein physisches, sondern auch sein emotionales und mentales Gleichgewicht beeinflußt.

Das Wissen meines Großvaters hat mich über Jahre hinweg inspiriert. 1960 lebte er eine Zeitlang mit uns auf der Hemet-Vollblutfarm, einem Gestüt, das ich mit meinem Mann, Wentworth Tellington, bei Hemet in den Hügeln Südkaliforniens gegründet hatte. Dort hatten wir 80 Vollblutzuchtstuten, eine Herde von 20 Araberzuchtstuten, vier Deckhengste, mehrere schlanke siamesische Katzen, eine Sammlung von Stallkatzen und eine Familie gestromter dänischer Doggen. Went und ich saßen oft mit meinem Großvater Will am Küchentisch und hörten gebannt zu, wenn er uns von den pflanzlichen Heilmitteln, die er seinen Pferden gab, und von seinen Massagemethoden erzählte. Mich interessierte besonders zu hören, wie er den Charakter eines Pferdes anhand der Fellwirbel beurteilte, eine Methode, die er in Rußland von seinem Dolmetscher, einem Zigeuner, gelernt hatte.

Die Kunst der Persönlichkeitsanalyse ist uralt und hat in verschiedenen Kulturen, die Pferde als individuelle Wesen zu schätzen wußten, Tradition. Interessanterweise benutzten die Zigeuner Europas und Asiens, die seit Jahrhunderten für ihre besondere Beziehung zu Pferden bekannt sind, eine Methode zur Beurteilung der Persönlichkeit von Pferden, die auch von den Beduinen, den großen Pferdeexperten Nordafrikas und der arabischen Wüsten, angewandt wurde.

Der Zigeuner, der für meinen Großvater dolmetschte, führte ihn in diese alte Tradition ein und unterrichtete ihn in einem System, das in der Plazierung und Anzahl der Wirbel auf dem Kopf eines Pferdes spezifische Hinweise auf den Charakter und das Temperament sah. Wirbel auf dem Pferdekörper sind dagegen eine andere Sache, und wir haben, soweit ich mich erinnern kann, darüber nicht gesprochen.

Im Jahr 1964 zogen Went und ich nach Badger in Kalifornien, um dort die „Pacific Coast Equestrian Research Farm" zu gründen, ein Forschungszentrum, in dem wir Informationen über alle Aspekte der Versorgung von Pferden, einschließlich ihrer Ausbildung und der Organisation eines solchen Unternehmens, sammelten.

Die Theorien meines Großvaters über die Wirbel faszinierten mich noch immer, und wir beschlossen, eine Umfrage zu machen, um herauszufinden, ob seine Analysemethode stichhaltig war. Da wir damals Artikel für den „Western Horseman" schrieben und weitreichende Verbindungen in der internationalen Pferdewelt hatten, erhielten wir auf unseren Rundbrief die Daten von 1.500 Pferden aus neun verschiedenen Ländern, einschließlich Kanadas und der Vereinigten Staaten.

In unserem Fragebogen hatten wir jeden der Teilnehmer gebeten, die Anzahl und die Plazierung der Wirbel auf dem Kopf seines Pferdes, dessen Verhalten, die generelle Einstellung und jegliche Probleme zu beschreiben. Wir werteten die Ergebnisse aus und stellten fest, daß sie erstaunlich genau mit dem Wissen meines Großvaters übereinstimmten. Den genauen Überblick über die Ergebnisse unserer Umfrage finden Sie ab Seite 46.

Als ich Anfang der siebziger Jahre anfing, Vorträge über die Persönlichkeitsanalyse von Pferden zu halten, erstaunte mich deren Beliebtheit. Hunderte von Menschen überschütteten mich mit der Bitte, auch ihr Pferd zu analysieren. Erst 1975 entdeckte ich aber die bemerkenswerte Tatsache, daß man die Persönlichkeit eines Pferdes nicht nur analysieren, sondern auch regelrecht beeinflussen kann.

Im Laufe meiner 25jährigen Arbeit mit Pferden hatte ich eine Methode des Reitens und der Ausbildung entwickelt, die Kommunikation und Zusammenarbeit von Pferd und Reiter betonte, anstatt sich auf Zwang und Dominanz zu begründen. Ich reiste 1972 nach Europa, um dort meine Methode (die später „Tellington-Jones Equine Awareness Method" oder „TTEAM" genannt wurde) zu unterrichten, als ich von einer Ausbildung bei dem israelischen Wissenschaftler Dr. Moshe Feldenkrais hörte. Moshe, ein gefeierter Physiker, Athlet und Judomeister, hatte seine bahnbrechende Methode der Integration von Körper und Geist entwickelt, weil seine Knie durch eine alte Fußballverletzung so funktionsuntüchtig geworden waren, daß er kaum noch gehen konnte.

Entschlossen, seine Beine und seinen Körper umzuschulen, entwickelte er eine Methode, die es ihm ermöglichte, die gewohnte Art des Gehens zu vermeiden. Statt dessen lernte er, jede nur denkbare alternative Bewegungsmöglichkeit, bis hin zur feinsten Beugung eines Muskels, zu nutzen. Nach zwei Jahren konnte er wieder gehen. Er entdeckte, daß seine Theorien und Übungen nicht nur gelähmten und in ihrer Funktion eingeschränkten Menschen helfen konnten, sondern jedem, der sein gesamtes körperliches und geistiges Potential ausschöpfen wollte.

Die Feldenkrais-Methode wird in zwei Formen, der Gruppenarbeit „Bewußtsein durch Bewegung" und in Einzelsitzungen, der „Funktionalen Integration", weltweit unterrichtet. Die Methode basiert auf den folgenden Gedanken: Während wir uns entwickeln und lernen, in der physischen Welt zu funktionieren und sie zu genießen – zu gehen, zu sprechen, zu tanzen, zu reiten und vieles mehr –, werden auf der Ebene des Nervensystems gewohnheitsmäßige Muster zwischen bestimmten Gehirnzellen und bestimmten Muskeln gespeichert. Wenn wir beispielsweise gelernt haben, vornübergebeugt zu gehen, ist der Körper so programmiert, und wir gehen immer so. Wenn wir gelernt haben, englisch zu sprechen, gebrauchen wir die Muskeln unseres Mundes automatisch anders, als wenn wir französisch gelernt hätten.

Später benutzen wir für eine spezifische Funktion nur die Teile des Gehirns, in denen das Muster für die Funktion abgespeichert ist. Moshe Feldenkrais entwickelte aber ein System sanfter, unaggressiver Bewegungen, die, weil sie nicht gewohnheitsmäßig sind, neue Gehirnzellen wecken und bislang ungenutzte Nervenbahnen aktivieren. Die im Körper gespeicherten „schlechten Angewohnheiten" und die durch Anspannung, Schmerz und Angst gebildeten Muster werden durchbrochen, die damit verbundenen „verkrampften" Gefühle werden losgelassen. Damit sind neue Möglichkeiten geschaffen, und mit der neuen Wahlmöglichkeit entsteht auch eine neue Lernfähigkeit, verbunden mit einem erneuerten Selbstwertgefühl. Moshe erklärte oft, daß es das Ziel seiner Arbeit sei, den Menschen die Möglichkeit zu geben, ihr Potential voll auszuschöpfen, und zwar auf körperlicher, gefühlsmäßiger und intellektueller Ebene.

Die Ausbildung bei Dr. Feldenkrais war eine Offenbarung für mich. Ich hatte das Gefühl, plötzlich das entscheidende Stück eines Puzzles, an dem ich schon lange gearbeitet hatte, gefunden zu haben. Mir wurde klar, daß sich Moshes Ideen genausogut bei Pferden wie bei Menschen anwenden ließen. Und wenn man mit seiner Methode an den körperlichen und emotionalen Schwierigkeiten eines Pferdes arbeiten und diese verändern konnte, dann war vielleicht das, was wir als „Pferdepersönlichkeit" bezeichnen, gar nicht so unveränderlich, wie wir geglaubt hatten.

Jahrelang hatte ich, wie so viele andere Menschen in der Pferdewelt, angenommen, daß ein Pferd im wesentlichen so bleibt, wie es geboren wird. Ich bin mir sicher, daß wir alle schon Bemerkungen gehört haben wie: „Dieses Pferd ist eben sauer", oder: „leicht erregbar und unkonzentriert" oder „hoffnungslos stur". Obwohl in solch allgemeinen Urteilen auch manchmal ein Fünkchen Wahrheit steckt, hat das, was ich von Moshe gelernt habe, meine Art, Pferde zu beurteilen, von Grund auf verändert. Wir können zwar nicht die Genstruktur verändern, aber durchaus das, was wir als „Persönlichkeit" eines Pferdes wahrnehmen.

Mein amerikanisches Lexikon definiert Persönlichkeit als „die Verkörperung einer Ansammlung von Qualitäten: die Gesamtsumme der körperlichen, geistigen und sozialen charakteristischen Merkmale eines Individuums, die zusammengefaßten charakteristischen Verhaltensweisen eines Individuums". Es gibt viele Aspekte in dieser Definition, die über die genetischen Gegebenheiten hinausgehen, und mir ist klar, daß die individuelle Persönlichkeit jeder Kreatur kein festgelegtes „Ding" ist, sondern vielmehr ein fortwährender Austausch von Kommunikation zwischen dem Individuum und seiner Umgebung.

Meiner Erfahrung nach rühren viele der charakteristischen Verhaltensweisen, die wir auf Probleme in der Persönlichkeit zurückführen, tatsächlich vom körperlichen Unbehagen des Pferdes her. Dieses Unbehagen entsteht manchmal aus angeborenen Verspannungen, manchmal aus Verspannungen, die sich auf eine Vielzahl äußerer Ursachen zurückführen lassen wie zuwenig Bewegung, falsche Fütterung, zu enge Ställe oder Mangel an Gesellschaft.

Es kann beispielsweise sein, daß ein Pferd auf Unbehagen oder Schmerzen reagiert, die durch einen ungünstigen Körperbau hervorgerufen werden. Oder es kann sein, daß eine Verhaltensweise, die als „widerspenstig" oder „unwillig" bezeichnet wird, keineswegs ein Charakterfehler ist. Sie kann herrühren von einem unpassenden Sattel, einem Reitersitz, der dem Pferd Schmerzen bereitet, oder einem Reiter, der eine Leistung verlangt, zu der das Pferd körperlich nicht fähig ist. Manchmal gibt der Reiter dem Pferd verwirrende oder unklare Hilfen und schafft so eine Situation, in der das Pferd zu einer „sturen" Persönlichkeit abgestempelt wird.

Und dann kommt natürlich noch dazu, wie wir selbst mit unseren Pferden umgehen und wie wir sie wahrnehmen. Manchmal kann die Tatsache, daß wir ein bestimmtes Fehlverhalten von unserem Pferd erwarten, zur sich selbst erfüllenden Prophezeiung werden: Das Pferd reagiert auf unsere verkrampfte Einstellung, indem es unsere Erwartungen widerspiegelt.

Wenn wir die Persönlichkeit eines Pferdes mißverstehen, kreieren wir tatsächlich eine falsche Identität. Aber wenn wir unsere alten Gewohnheiten der Wahrnehmung durchbrechen und neue Wege des „Sehens" und Beurteilens beschreiten, können wir das Beste in unseren Pferden und (ein wundervoller Bonus) auch neue Dimensionen in uns selbst fördern.

Pferde kennenzulernen heißt auch, sich selbst kennenzulernen, zu sehen, wie unsere eigenen Persönlichkeiten zu denen der Pferde, die wir zum Reiten oder Ausbilden wählen, passen oder nicht passen. Ich war erstaunt festzustellen, wie wichtig es ist, daß Pferd und Reiter zusammenpassen. Wenn wir eine ungünstige Kombination wählen, kann das wie eine schwierige Ehe sein. Wenn die Persönlichkeiten nicht harmonieren, sind beide nicht zufrieden, man kann sich nicht verständigen, und keiner hat Freude an der Beziehung.

Andererseits kann man nicht unbedingt sagen, daß ein Pferd für seinen Reiter ungeeignet ist oder daß der Ausbilder etwas falsch macht, nur weil es seinen Reiter durch sein Verhalten frustriert. Es kann sein, daß das Pferd für eine bestimmte Disziplin nicht geeignet ist, oder das Problem ist die Eigenart einer Persönlichkeit, mit der man umgehen kann, wenn man sie versteht.

Ein großer Vorteil der Fähigkeit, eine Persönlichkeit einzuschätzen, liegt für mich darin, wie hilfreich das in einer solchen Situation sein kann.

Charakter zu deuten kommt mir ein wenig wie Detektivarbeit vor. Ein Detektiv beginnt mit gründlichen Untersuchungsmethoden, um zu bestimmten Schlußfolgerungen zu kommen. Und endlich hat er dann einen Geistesblitz, das Puzzle fügt sich zu einem Bild, und das Rätsel ist gelöst.

Ich hoffe, daß dieses Buch Ihnen als praktischer Leitfaden Schritt für Schritt zu einer Perspektive verhilft, die es Ihnen ermöglicht, Pferde in einem ganz neuen Licht zu sehen, sie mit Augen zu betrachten, die darin geschult sind, die Bedeutung der Gesichtszüge zu erkennen, die Hinweise zu entziffern, die der Körperbau geben kann, und die das Verhalten eines Pferdes zu deuten wissen.

Ich hoffe außerdem, daß dieses Buch Ihnen helfen wird, Ihre Intuition zu entwickeln, ihr zu vertrauen und sie dazu nutzen, sich auf die universelle Sprache des Herzens einzustimmen, dazu, sich daran zu erinnern, wie Sie überhaupt dazu kamen, Pferde zu lieben.

Kapitel 2

Das Pferd als Individuum

Sicherlich wissen Sie, daß sehr viel mehr zum Reiten gehört, als nur auf Ihr Pferd zu steigen und zu demonstrieren, wie fehlerlos Sie sitzen können, wie perfekt Ihr Pferd am Zügel steht und wie gut es Schritt, Trab und Galopp geht.

Es ist die Tiefe der Beziehung, die Menschen über Jahrhunderte hinweg zur Pferdeliebe bewegt hat, einer mythischen Liebe, die wir in Geschichten, Kunst und Erinnerungen zelebrieren, angefangen von Pegasus bis zum Wunderrennpferd Secretariat, von Bucephalus, dem Pferd Alexanders des Großen, bis zu Walter Farleys „Blitz, der schwarze Hengst", von den Pferden der Klassik, die über die antiken Reliefe des Parthenons tanzen, bis hin zu den vielen Pferdebildern, die unsere eigene Kultur als Sinnbild der Freiheit verwendet.

Ich erinnere mich, welchen Zauber Pferde für mich hatten, als ich zu reiten begann, und ich glaube, daß viele Menschen bei ihrer ersten Begegnung mit Pferden das gleiche Gefühl haben. Wenn Sie an Ihre eigenen frühen Erfahrungen mit Pferden zurückdenken, erinnern Sie sich da nicht auch an eine gewisse Beschwingtheit, an eine Dankbarkeit Pferden gegenüber, die von ganzem Herzen kam?

Aber diese warmherzige Kommunikation und anfängliche Verbindung wird oft von abstrakten Theorien über Pferde und Reiten überlagert, wenn man Fortschritte macht und seine Ausbildung „ernst" nimmt. Die reine Freude am Umgang mit Ihrem Pferd verliert sich in der Forderung nach Technik, Leistung und Perfektion. Es wird immer schwerer, sein Pferd als befreundetes Lebewesen zu sehen und nicht nur als etwas, das es zu beherrschen gilt.

Im allgemeinen lernen wir, daß wir ein Pferd dominieren müssen, um es zu beherrschen, daß Pferde nicht sehr intelligent sind und daher durch fortwährende Wiederholung ausgebildet werden müssen. Zuviel Berührung „verdirbt" sie, „widerspenstiges", „störrisches", „faules", und „aggressives" Verhalten ist angeblich eine Folge von Persönlichkeitsmerkmalen, denen man am besten mit Gewalt und Dominanz begegnet.

Wenn wir Pferde als Individuen betrachten, die mit jeweils verschiedener Geschwindigkeit lernen, können wir unsere Ausbildungsmethoden dementsprechend verändern und dadurch die Lernfähigkeit erhöhen und sogar erweitern. Die Beschäftigung mit dem menschlichen Nervensystem im Laufe meiner vierjährigen Ausbildung bei Moshe Feldenkrais inspirierte mich, eine Unterrichtsmethode zu entwickeln, die sich „Tellington Touch Equine Awareness Method " oder auch kurz „TTEAM" und „Tellington Touch" nennt. Die Übungen, die wir „TTEAM" nennen (Kapitel III, 2, Seite 157), sind besonders dazu gedacht, die Fähigkeiten eines Pferdes zur Problemlösung und Koordination anzuregen. Wenn Sie diese Methoden anwenden, werden Sie feststellen, daß Sie tatsächlich die Fähigkeit Ihres Pferdes verbessern, Dinge herauszufinden, nachzudenken und sich intelligent zu verhalten.

Was aber ist Intelligenz? Mein Lehrer Moshe Feldenkrais umschrieb dafür gern einen Ausspruch Einsteins. „Intelligenz", pflegte er auf seine eindringliche Art zu sagen, „läßt sich an der Anpassungsfähigkeit an eine sich verändernde Umwelt messen."

Erst seit kurzem betrachten wir Tiere als intelligente Lebewesen. In der Titelgeschichte „Wie schlau sind Tiere?" des „Newsweek Magazine" stand im Mai 1988 folgendes zu lesen:

„So unterschiedliche Wesen wie Tauben und Primaten beeindrucken Wissenschaftler mit ihrer Denkfähigkeit. Vergleichende Psychologen fragen sich inzwischen nicht mehr, ob Affen Symbole verstehen können, sondern beschäftigen sich in allen Einzelheiten damit, wie die Affen sie sich zu eigen machen und gebrauchen. Manche Wissenschaftler berichten von Meeressäugern mit ähnlichen Fähigkeiten. Andere haben herausgefunden, daß Vögel abstrakt denken können. Die neuen Erkenntnisse beschränken sich aber nicht nur auf die Tatsache, daß Tiere Aufgaben lösen können, die sich ein Experimentator für sie ausdenkt. Immer mehr Menschen haben das Gefühl, daß viele Lebewesen, von freilebenden Affen bis hin zu domestizierten Hunden, selbst Dinge wissen, die genauso interessant sind wie irgend etwas, das wir ihnen beibringen können."

Indem wir erkennen, daß Pferde individuelle Persönlichkeiten, mit individuellen geistigen und gefühlsmäßigen Reaktionen auf die Umwelt, sind, können wir ihre Intelligenz und ihr Verhalten auf eine neue Art und Weise wahrnehmen. Wenn ein Ausbilder weiß, ob sein Pferd schnell oder langsam lernt, kann er die Unterrichtsmethode wählen, die sich am besten für das jeweilige Pferd eignet. Ein intelligentes Pferd braucht nicht nur weniger Wiederholung als ein nicht so schlaues, sondern wird durch zuviel Wiederholung sogar leicht gelangweilt. Dann denkt es sich etwas aus, um sich zu amüsieren (manchmal Widersetzlichkeit), was der Ausbilder meist nicht unbedingt ebenso unterhaltsam findet wie das Pferd.

Unsere Pferde zu verstehen heißt aber nicht, daß wir ihnen einfach alles erlauben, oder, wenn es notwendig ist, keine Strenge und Disziplin anwenden. Es heißt, daß wir Kooperation mehr begrüßen als Konfrontation, eine Einstellung, die auf schnellere, einfachere und erfreulichere Weise zum Erfolg führt als Dominanz durch Angst oder Unterwerfung. Solche humanistischen Ansichten haben oft die unerwartete Nebenwirkung, unser gesamtes Leben zu bereichern.

Ein Beispiel: Als ich vor ein paar Jahren in Deutschland war, um dort zu unterrichten, bat mich meine Freundin Ulla Tersh von Kaiser, zu ihr zu kommen. Ich sollte mir Piroschka ansehen, eine 12jährige schwarze Ungarnstute, die sie gerade vor drei Wochen als Reitpferd für die Waldorfschule in Überlingen am Bodensee gekauft hatte. Sie war sehr enttäuscht, weil sie ein Pferd gewollt hatte, das sich gut mit den Kindern der Schule verstehen und sie gern haben würde, aber diese Stute erwies sich als abweisend und unfreundlich.

Als ich Piroschka zum erstenmal sah, stand sie mit dem Kopf in einer Stallecke. Ihre Augen waren teilnahmslos, ihre Haltung drückte Desinteresse und Unansprechbarkeit aus. An ihrem Kopf konnte ich nichts entdecken, was auf einen grundsätzlich unfreundlichen oder phlegmatischen Charakter schließen ließ, ganz im Gegenteil deuteten alle Zeichen auf eine verläßliche, intelligente und aufgeschlossene Wesensart hin.

Da wurde mir klar, daß diese Stute sicher einsam war und Heimweh nach ihrer früheren Umgebung und ihren Freunden hatte. Mir ist schon öfter aufgefallen, daß Menschen nicht daran denken, daß Pferde auch Gefühle haben. Deshalb wird die Tatsache, daß Pferde sich erst einmal an ihre neue Heimat gewöhnen müssen und ihr früheres Leben und ihre Besitzer vermissen, oft nicht in Betracht gezogen.

Ich schlug vor, daß ein paar Kinder nachmittags nach der Schule Piroschka in ihrer Box besuchen sollten. Und zwar nicht nur, um sie zu putzen, sondern um ihr Gesellschaft zu leisten, bei ihr zu sitzen, mit ihr zu sprechen und einfach Zeit mit ihr zu verbringen.

Das Ergebnis dieser Behandlung war, daß Piroschka den Kindern nicht nur etwas über Pferdepersönlichkeit beibrachte, sondern auch über die starke Wirkung von Einfühlungsvermögen. Sie übertraf sogar Ullas Hoffnungen noch bei weitem und wurde das meistgeliebte und erfolgreichste Pferd im Stall der Schule. Als Ulla sie Jahre später zu „pensionieren" versuchte, wurde die Stute auf der Weide so unglücklich, daß man sie wieder zurück in den Schulstall brachte und weiterhin leicht arbeiten ließ.

In einem anderen Fall von mißverstandener Persönlichkeit reagierte das betreffende Pferd auf emotionalen Streß mit Aggression anstatt mit Zurückgezogenheit. Es handelte sich dabei um eine Araberstute, deren neue Besitzer (die das Pferd erst seit einem Monat hatten) zu dem Schluß gekommen waren, daß sie unverbesserlich aggressiv und widersetzlich sei. Wenn sie versuchten, die Stute zu longieren, drehte sie sich mit flach angelegten Ohren zur Mitte und griff sie an. Mich anzurufen war ihr letzter, verzweifelter Versuch, etwas für die Stute zu tun, ehe sie sie einschläfern ließen.

Was ich bei meiner Ankunft vorfand, erstaunte mich. Die

Kopfform der Stute paßte überhaupt nicht zu ihrem Verhalten. Der Kopf war sehr fein und zeigte einen ungewöhnlich hohen Grad von Intelligenz, Sensibilität und Vorstellungskraft. Was ist denn nur hier los, dachte ich mir, dieses Pferd sollte eine wahre Freude sein! Als ich sie weiter untersuchte, fiel mir auf, daß sie einen sehr niedergeschlagenen Augenausdruck hatte, einen Blick, der sagte: „Laß mich in Ruhe." Ich hatte diesen Ausdruck schon vorher in den Augen deprimierter Tiere gesehen.

Ich bat die Besitzer, mir alles zu erzählen, was sie von der früheren Geschichte der Stute wußten. Es stellte sich heraus, daß sie vorher einem blinden Jungen gehört hatte. Das Pferd und der Junge hingen sehr aneinander, und weil sie beim Reiten sehr geduldig und aufmerksam auf ihn acht gab, hatte die Stute ihm Freiheit geschenkt. Aber der Junge war aus irgendwelchen Gründen gezwungen gewesen, sie zu verkaufen, und da war sie nun, depressiv, aggressiv und mißverstanden.

Ich entschloß mich, die Stute selbst zu longieren. Sie griff mich sofort mit vorgestrecktem Hals und flach an den Kopf gepreßten Ohren an. Ihre jetzigen Besitzer hatten sie für solches Benehmen mit der Peitsche geschlagen, aber in Anbetracht dessen, was ich über sie wußte, wollte ich nicht handgreiflich werden und hielt lediglich meine Stellung. Als sie sah, daß ich keine Angst vor ihr hatte, stellte sie ihre Angriffe ein.

Aufgrund des aggressiven Verhaltens der Stute an der Longe hatten ihre Besitzer sie noch nicht geritten. Ich vermutete, daß das Verhalten der Stute eine Reaktion auf die Peitsche war, und empfahl ihnen, sie nicht mehr zu longieren. Es stellte sich heraus, daß die Stute unter dem Sattel tatsächlich eine wahre Freude war.

Ich ritt die Stute einen Monat lang und bemühte mich besonders am Anfang darum, ihre Einsamkeit anzuerkennen. Indem ich ihr im Stall Gesellschaft leistete und ihr besonders viel Aufmerksamkeit entgegenbrachte, ließ ich sie wissen, daß auch wir neuen Menschen für sie da waren. In bemerkenswert kurzer Zeit erwies sie sich als ein phänomenales Pferd. Sie arbeitete so gut mit, daß ich sie mit nichts als einem Halsring reiten konnte, was ihr das Gefühl von Vertrauen und Freiheit gab.

Ihre Besitzer dachten, ich könne zaubern, aber die Magie kam nicht von mir. Sie entstand dadurch, daß ich die grundlegende Persönlichkeit des Pferdes verstand. Ich begriff, daß sie die Art von Pferd war, das alles für einen tun würde, aber nur dann, wenn man mit ihr wie mit einem intelligenten Wesen umging. Sie war von ihrem früheren Besitzer daran gewöhnt, als Individuum behandelt zu werden, nicht nur als ein „Pferd". Ihren neuen Besitzern, so wie vielen anderen in der Pferdewelt, war eine solche Sichtweise aber fremd. Da sie ein starkes Selbstbewußtsein hatte, war sie nicht gewillt, mit Leuten zusammenzuarbeiten, die sie nicht kannte und zu denen sie keine Verbindung hatte. Sie reagierte auf Dominanz oder Strafe sofort mit aggressivem Widerstand.

Um solche Mißverständnisse zu vermeiden, ist die Fähigkeit, eine Persönlichkeit zu deuten, von großem Nutzen. Die Art und

Weise, wie ein Pferd geistig, gefühlsmäßig und körperlich auf die primären Auslöser von Verhalten wie Schmerz (gefühlsmäßig oder körperlich) und Angst reagiert, sagt alles darüber, was für ein Individuum er oder sie ist. Wenn man die angeborenen Tendenzen seines Pferdes kennt, kann man sein Verhalten richtig einschätzen, es sogar unter den verschiedensten Umständen voraussagen und seine Ausbildungsmethoden dementsprechend darauf abstimmen.

Pferde (und Menschen) reagieren auf Mißverständnisse, Angst oder Schmerz spontan auf viererlei Weise: Mit dem Impuls zu fliehen, zu kämpfen, zu erstarren oder „ohnmächtig" zu werden. Im Englischen nennen wir das „die vier F's: Flight, Fight, Freeze, Faint", im Deutschen könnte man es „die vier A's" nennen: Abhauen, Angreifen, Angststarre, „Abtauchen".

In meinen Erfahrungen mit Pferden und anderen Tieren stelle ich immer wieder fest, daß Mißverständnisse, Angst und Schmerz die Ursache für Lern- und Verhaltensprobleme sind. Alles, was zur Familie der Menschen und Tiere gehört, reagiert mit einem der vier A's. Bei Pferden sind diese Reflexe besonders offensichtlich, was sich auf ihre Größe und Empfindsamkeit und auf die besonderen Anforderungen, die wir an sie stellen, zurückführen läßt. In freier Wildbahn laufen Pferde meist lieber vor einer Gefahr davon, anstatt zu kämpfen. Aber in ihrer eingeschränkten Rolle als Haustiere können beängstigende Situationen jeden der vier Reflexe auslösen, je nach der Persönlichkeit des Pferdes und den entsprechenden Umständen.

In den buchstäblich Tausenden von Fällen, die wir verfolgt haben, und auch in meiner persönlichen Erfahrung habe ich immer wieder festgestellt, daß es mit Sicherheit Zusammenhänge gibt zwischen bestimmten Merkmalen am Kopf eines Pferdes und der Art von reflexartiger Reaktion, die es zeigt. Einige Neurobiologen sind beispielsweise der Meinung, daß bei dem Gefühl der Bedrohung eine chemische Reaktion im Gehirn stattfindet, die entweder den Flucht- oder den Kampfreflex auslöst. Wenn man den Kopf eines Pferdes betrachtet, kann man die Reaktion mit einiger Wahrscheinlichkeit vorhersagen.

So kann man annehmen, daß ein Pferd mit einem konkav gewölbten Gesicht, einem sogenannten Hechtkopf (siehe S. 27), die Tendenz zu fliehen hat, während ein Pferd mit einem „Spinnerhubbel" unterhalb der Augen (Seite 31) eher zum Kämpfen neigt. Behandelt man ein Pferd mit einer ausgeprägten Ramsnase aggressiv, wird es ebenfalls wahrscheinlich kämpferisch reagieren.

Den Reflex, in Angststarre zu verfallen, habe ich oft gesehen, sogar bei Pferden mit geradem Profil (Seite 27), die gerne mitarbeiten, aber einfach nicht verstehen, was von ihnen verlangt wird. Ein solches Pferd wird weder kämpfen noch versuchen zu fliehen; es wird einfach erstarren und gar nichts mehr tun.

Ich finde den Reflex der Angststarre faszinierend, weil er nicht nur bei Tieren, sondern auch bei Menschen so oft mißverstanden wird. Wie diese Reaktionsweise funktioniert, wurde mir zum erstenmal klar, als ich Kindern mit Behinderungen und Lernschwierigkeiten mit Hippotherapie (Therapie auf dem Pferd) zu helfen versuchte.

Eines Tages las ich einen Artikel der berühmten Psychologin Dr. Annabelle Nelson. Er befaßte sich mit dem limbischen Teil des Gehirns – dem Teil, der, sehr vereinfacht ausgedrückt, Gefühle, Stoffwechselfunktionen, Antrieb und Intuition regelt. Nach Dr. Nelsons These verbessert oder hemmt das limbische System die Lernfähigkeit, und zwar abhängig vom Gemütszustand des Lernenden. Eine Empfindung wie Furcht veranlaßt das limbische System, Körperreaktionen abzublocken, während Freude und Vertrauen das limbische System zu einer größeren Bandbreite an Reaktionen stimulieren.

Ich schloß daraus, daß Kinder in einer Schulsituation, in der sie sich unzulänglich fühlen, nicht lernen können, weil ihre Angst sie tatsächlich körperlich „erstarren" läßt. Mir wurde klar, daß dies der gleiche Reflex ist, der den Hasen reglos wie einen Stein werden läßt, wenn er von einem Raubtier gejagt wird. Er bewirkt, daß ein Schauspieler vor lauter Lampenfieber auf der Bühne kein Wort hervorbringt und ein verängstigtes Pferd alle vier Beine versteift und sich weigert, auch nur einen Schritt zu tun.

Das reflexartige „Abtauchen" oder Ohnmächtig werden habe ich hauptsächlich in Verladesituationen miterlebt. Meiner Meinung nach sind die meisten Pferde, die sich gegen das Verladen sträuben, entweder nervös, haben schlechte Erfahrungen beim Verladen gemacht, leiden unter Platzangst oder haben nie mit Hilfe bestimmter Übungen gelernt, in einen Hänger zu gehen. Manchmal haben sie auch vor dem dumpfen Geräusch Angst, das ihre Hufe auf der Rampe verursachen. Solche Pferde reagieren zuerst mit dem Fluchtreflex. Sie versuchen zu entkommen, indem sie sich halb aufbäumen und auf der Hinterhand kehrt machen. Wenn sie feststellen, daß sie nicht weglaufen können, gehen sie zur nächsten Reaktionsphase über, sie erstarren. Wenn man sie mit der Peitsche schlägt, geben sie manchmal einfach auf und legen sich hin.

Meistens werden die vier A's mißverstanden. Sie werden als absichtliche Versuche des Pferdes gewertet, sich dem Ausbilder zu widersetzen und den eigenen Willen durchzusetzen. Statt dessen ist aber zumeist das bewußte Handeln des Pferdes blockiert. Seine Atemfunktion ist beeinträchtigt, bestimmte Impulse im Gehirn sind ausgeschaltet, und seine Reaktionsweise ist sozusagen automatisiert – es reagiert in einem solchen Zustand automatisch, ohne eine bewußte Entscheidung treffen zu können.

Oft führen solche Mißverständnisse über die Motivation eines Pferdes dazu, daß auch wir mit unseren reflexartigen Verhaltensweisen reagieren. Wir sind frustriert und werden selbst aggressiv. So geraten wir von einer Sackgasse in die andere, und auf beiden Seiten wird der Streß immer größer – wir sind in einem Teufelskreis gefangen. Meiner Erfahrung nach ist eine Haltung, die mehr auf gegenseitigem Verständnis als auf wechselseitiger Reaktion beruht, nicht nur effektiver, sondern gibt dem Pferd die Möglichkeit, wirklich etwas zu lernen. Es wird nun das unerwünschte Verhalten unter ähnlichen Umständen nicht mehr wiederholen wollen. Wenn Sie Ihrem Pferd die Möglichkeit geben, wirklich zu verstehen, was Sie von ihm wollen, unterbrechen Sie damit tatsächlich Ihren eigenen Kreislauf reflexartigen Verhaltens und den Ihres Pferdes. Jetzt erst kann Ihr Pferd wirklich lernen.

Die Mißverständnisse der reflexartigen Reaktionsweisen eines Pferdes können sich auf verschiedenste Weise zeigen. Nehmen wir etwa ein junges Pferd, das zum erstenmal geritten wird und nicht gelernt hat, auf ein Stimmkommando, ein Signal oder eine Berührung hin vorwärtszugehen. Der Reiter sitzt auf, und das Pferd steht einfach da und erstarrt. Ich habe Bücher gelesen, in denen ein solches Pferd als ein Pferd mit verdorbenem und sturem Charakter beschrieben wird. Ich habe mit Ausbildern gesprochen, die mir erklärten, daß ein Pferd, das sich weigert, sich zu bewegen, sich einfach entschlossen hat, zu dominieren und die Kontrolle zu übernehmen.

Wenn sich ein Pferd in dieser Situation nicht vorwärtsbewegt, lösen viele Reiter das Problem, indem sie dem Pferd die Absätze in die Seiten stoßen oder Sporen verwenden. Oft explodiert das Pferd dann und buckelt. Nun wird es als aggressiv, eigensinnig und widerspenstig abgestempelt. Ich glaube, daß man dem Pferd damit Unrecht tut – es hat seinen Atem angehalten und ist dann sozusagen in den Fluchtreflex hineinexplodiert. Der Reiter bestraft nun das Pferd und macht damit das Problem nur noch größer. Eine solche Reaktion ist kein Anzeichen eines schlechten Charakters – es ist einfach die Art und Weise, in der bestimmte Individuen von Natur aus programmiert sind, um mit Angst und Schmerz umzugehen. Und hier kommt die gute Neuigkeit: Umprogrammieren ist möglich!

Eine andere, übliche Art, den Charakter eines Pferdes mißzuverstehen, besteht darin, ein Pferd als „leicht erregbar", „nervös" oder „eigensinnig" zu bezeichnen, wenn es tatsächlich auf körperliche Spannungen, Schmerz oder Unbehagen reagiert. Aus eigener Erfahrung weiß ich, wie empfindlich und irritierbar Schmerzen machen können – sicherlich kennen Sie das Gefühl selbst. Da ein Pferd uns nicht von seinen Schmerzen erzählen kann, nehmen wir viel zu leicht an, daß sein Verhalten von einem Problem in der Persönlichkeit herrührt.

Wenn Sie den Kopf und den Körper eines Pferdes analysieren und keine Ursache für solch nervöses Verhalten finden, dann untersuchen Sie das ganze Tier auf schmerzende Stellen, Verspannungen und empfindliche Körperbereiche hin (siehe Seite 168).

Als ich 1975 in Kalifornien lebte, wurde mir zum erstenmal der bedeutende Zusammenhang zwischen Schmerzen und der Persönlichkeit klar. Ich habe das Erlebnis niemals vergessen, und obwohl ich schon damals seit 30 Jahren täglich mit Pferden gearbeitet hatte, war es für mich eine Offenbarung.

Eine Schülerin hatte mich gebeten, mit ihr zu kommen und ein

Pferd anzusehen, das sie sich zum Ausreiten kaufen wollte. Das Pferd, ein neunjähriger Vollblutwallach, wurde in die Bahn gebracht. Meine Schülerin stieg auf und ritt ihn in allen Gangarten.

Ich brauchte nicht mehr als zwei Runden zu sehen, um mir ein Urteil zu bilden. Das Pferd hatte die Ohren flach zurückgelegt, den Kopf hochgeworfen und schlug die ganze Zeit über mit dem Schweif. „Vielen Dank", sagte ich zu der Besitzerin, „aber so hatten wir uns unser zukünftiges Pferd nicht vorgestellt."

„Ich verstehe das nicht", erwiderte sie. „Normalerweise benimmt er sich nicht so."

Obwohl ich wußte, daß es Leute gibt, die einem alles mögliche erzählen, nur um ein Geschäft zu machen, stellte ich ihr trotzdem ein paar Fragen.

„Nun", sagte ich, „wenn er sich normalerweise nicht so benimmt, haben Sie mit ihm vielleicht in den letzten Tagen irgend etwas anders gemacht als sonst, was ihn dazu veranlaßt haben könnte, seine Einstellung zu ändern?"

Sie dachte nach. „Ich bin mit ihm vor zwei Tagen ausgeritten", sagte sie, „und er war seit Monaten nicht mehr draußen gewesen. Die ganze Zeit über war er nervös und zappelig, und da habe ich ihm den Kopf zur Seite gezogen, um ihn halten zu können."

Wir sattelten den Wallach ab, und ich ließ meine Hände über seinen gesamten Körper gleiten. Dabei entdeckte ich nicht nur eine ganz heiße Stelle an seinem Nacken, sondern auch, daß sein Rücken ihn bei jeder Berührung schmerzte. Ich trat einen Schritt zurück, und als ich ihn mir ansah, kam mir plötzlich eine völlig neue Erkenntnis: Moment mal, dachte ich, was wie ein Persönlichkeitsproblem aussieht, kann tatsächlich von Schmerzen oder körperlichem Unbehagen herrühren. Das bedeutet also, daß man die Persönlichkeit ändern kann, wenn es einem gelingt, die körperlichen Schmerzen zu lindern.

Seitdem habe ich immer wieder die verwandelnde Kraft des Verständnisses gesehen. Wenn wir einmal damit begonnen haben, unsere Pferde als Individuen wahrzunehmen, wird unsere Art, zu reiten und Pferde auszubilden, anpassungsfähig, und es eröffnen sich uns neue Möglichkeiten. Sowie wir unsere Angst verlieren, zu einem Pferd nett zu sein, entdecken wir, daß Beklemmungen und Spannungen sich lösen.

Wir beginnen zu sehen, daß sich ein solches Verständnis auch auf andere Bereiche unseres Lebens ausweitet. Wir neigen dazu, nachsichtiger mit uns selbst als Reiter und Ausbilder zu sein; wir haben in der Beziehung mit unseren Kindern, mit Menschen, die uns nahe stehen, und mit unseren Freunden mehr Geduld und sind ihnen gegenüber rücksichtsvoller. Etwas Belebendes dringt in unsere kopflastigen Konzepte von Disziplin und Ehrgeiz ein und gibt ihnen eine gewisse Wärme, etwas, das sowohl Sympathie als auch Klarheit mit sich bringt – ich möchte es Herz nennen.

Kapitel 3

Die Bestandteile der Analyse

Den Charakter eines Pferdes zu beurteilen ist eine Kunst – und wie jeder aufstrebende Künstler müssen auch Sie erst einmal lernen, üben und die Grundlagen beherrschen, um ein Meister zu werden. Wenn die Grundkenntnisse Ihnen so selbstverständlich erscheinen wie Ihr eigener Atem, werden Sie Pferde mit neuen Augen sehen, so als ob Sie eine Zauberbrille aufgesetzt hätten.

Größe und Form, Profil und Haltung werden zu Anzeichen. Die Merkmale des Kopfes, die Körperproportionen – alles wird eine neue Bedeutung gewinnen, all das wird Ihnen ein Bild der Charakterzüge vermitteln und die Persönlichkeit porträtieren. Vielleicht werden Sie, genau wie ich, in Ihrem Lernprozeß erstaunt und beeindruckt sein von der Vielfalt der Unterschiede und den unendlichen, feinen Variationen, die das Leben fortwährend um das Thema „Pferd" webt.

Der Kopf Ihres Pferdes ist ein wichtiger Ausdruck seiner Persönlichkeit. Plazierung, Form und Größe der Ohren, Augen, des Profils, der Stirn, des Nasenrückens, der Nüstern, des Mauls, der Ganaschen, der Lippen und des Kinns sind wesentliche Charaktermerkmale. Wer gelernt hat, ihre Bedeutung zu erkennen, hat damit einen Schlüssel, um das Wesen seines Pferdes zu verstehen.

Auf den folgenden Seiten finden Sie eine detaillierte Beschreibung der verschiedenen Merkmale eines Pferdekopfes und ihre Bedeutung für die Persönlichkeitsanalyse. Außerdem wird erklärt, was Fellwirbel im Gesicht und am Körper je nach Art und Lage zu bedeuten haben.

Was der Kopf aussagt

Das Profil

Das Profil ist sehr wichtig. Allgemein kann man sagen, daß ein Pferd mit einem geraden Profil unkompliziert ist, ein Hechtkopf Empfindsamkeit und manchmal Ängstlichkeit ausdrückt und eine Ramsnase meistens auf ein mutiges Pferd schließen läßt. Aber man sollte diese Zeichen immer im Zusammenhang mit den anderen Hauptmerkmalen des Kopfes deuten.

Betrachten Sie beispielsweise den Nasenrücken und das Auge: Ein Pferd mit einer Ramsnase und Schweinsaugen (klein und tief im Kopf liegend) neigt normalerweise dazu, starrsinnig und schwierig zu sein. Aber ein Pferd mit einer Ramsnase, dessen Stirn zwischen den Augen breit und flach ist und dessen runde Augen weit auseinanderliegen, kann ein hervorragendes Pferd für schwere Arbeit sein. Die besten, zähesten argentinischen Poloponys haben oft solche Köpfe, und auch die ursprünglichen und sehr verläßlichen Lipizzaner der Spanischen Reitschule haben Ramsnasen und große Augen. Ein Pferd mit einer leichten Ramsnase ist auch ganz hervorragend als gutes, ausdauerndes Schulpferd geeignet.

Ich würde ein Pferd mit einem Hechtkopf nicht als Polopony empfehlen. Ein Araber mit einem geraden Profil eignet sich normalerweise besser für Leistungssport wie etwa Distanzreiten als einer mit einem Hechtkopf.

Ein Hechtkopf wurde von verschiedenen Kulturen und Züchtern auf verschiedene Art und Weise interpretiert. Nehmen wir etwa die Araber. Es ist interessant festzustellen, daß Lady Wentworth (die inzwischen verstorbene bekannte englische Araberzüchterin und Autorin von „The Authentic Arabian" und vieler anderer Bücher) Pferde mit einem Hechtkopf besonders schätzte und sie auf dieses Merkmal hin züchtete. Aber laut Mary Gharagozlon, einer berühmten iranischen Richterin und Züchterin, fanden die alten Beduinen, die Araber züchteten, Pferde mit extremen Hechtköpfen völlig inakzeptabel und verkauften diese Pferde alle an Europäer! Und in manchen der anderen Länder, in denen Araber gezüchtet werden, so in Polen und Rußland, hat die Mehrheit der erfolgreichen arabischen Rennpferde ein gerades Profil.

Meine eigene Erfahrung hat gezeigt, daß ein Hechtkopf bei anderen Rassen wie Vollblütern, Saddlebreds, Quarter Horses, Warmblutpferden (besonders Trakehnern), Tennessee Walkers, Paso Finos und Isländern fast immer ein Zeichen von Ängstlichkeit und Überempfindlichkeit ist.

Je extremer der Nasenrücken sich nach innen wölbt, desto extremer sind diese Tendenzen. In vielen Fällen fehlt es dem Pferd an Selbstvertrauen, und es braucht einen Menschen, der ihm Vertrauen gibt. Wenn ich ein Pferd mit einem Hechtkopf sehe, das kein Araber ist, schenke ich den anderen Merkmalen des Kopfes besondere Beachtung.

In manchen Kreuzungen von Arabern mit Appaloosas, Haflingern und Welsh Ponys (und auch bei einigen Ponys, bei denen schon vor langer Zeit Araber eingekreuzt wurden) ist ein Hechtkopf eher akzeptabel und deutet auf Gutmütigkeit hin, die je nach der Leistung, die das Pferd erbringen soll, wünschenswert und positiv sein kann.

Die Bestandteile der Analyse **27**

1. Gerades Profil   *2a. Hechtkopf*

2b. Hechtkopf kombiniert mit Elchnase   *2c. Hechtkopf, Elchnase und gewölbte Stirn*

1. *Gerades, flaches Profil:*
   Ein äußerst unkompliziertes Pferd, das leicht lernt.

2a. *Hechtkopf:*
   Ein Hechtkopf verrät die Tendenz zu Sensibilität und manchmal auch Ängstlichkeit.

2b. *Ein Hechtkopf kombiniert mit einer langen „Elchnase":*
   Dies ist normalerweise ein Zeichen für außerordentliche Intelligenz und großes Selbstvertrauen.

2c. *Ein Hechtkopf kombiniert mit einer „Elchnase" und einer Wölbung zwischen den Augen:*
   Diese Anzeichen deuten auf eine schwierige, oft quecksilbrige Persönlichkeit hin, die Geduld und Verständnis erfordert.

28 Den Charakter beurteilen

3. Ramskopf

4. Ramsnase

5. Elchnase

6. Lange Nase

7. Langer, schmaler Kopf

8. Breit von der Nasenmitte bis zum Backenrand

Die Bestandteile der Analyse 29

9. Breites, hervortretendes Nasenbein

10. Schräge Stirn

3. *Ramskopf:*
Von der Stirn bis zur Nasenmitte nach vorn gewölbt. Pferde mit einem solchen Kopf werden als stur und schwer von Begriff angesehen. Meine Erfahrung hat gezeigt, daß sie ganz normal reagieren, wenn man sie mit der TTEAM-Methode ausbildet. Aber wenn man sie ungerecht behandelt, werden sie sehr widerspenstig.

4. *Ramsnase:*
Eine leichte Ausbuchtung von unterhalb der Augen bis zur Nase. Solche Pferde sind oft mutig, zäh und widerstandsfähig. Sie scheinen sich nur selten zu verletzen und sind ideal als Poloponys und Schulpferde geeignet.

5. *Elchnase:*
Eine deutliche Vorwölbung des unteren Teils der Nase, weist meist auf ein Pferd mit starkem Charakter hin, das oft auch Leittier einer Herde ist.

6. *Lange Nase:*
Wenn der Abstand vom Ende des hervorstehenden Wangenknochens bis zur Oberlippe überdurchschnittlich lang ist, dazu die Ganaschen klein sind und sich der Kopf nicht sichtlich nach unten verjüngt, deutet das auf ein Pferd hin, das langsam von Begriff ist. Große Ganaschen, breiter, flacher Zwischenraum zwischen den Augen, sich nach unten verjüngende Kopfform: überdurchschnittliche Intelligenz.

7. *Langer, schmaler Kopf:*
Ein Pferd, das willig mitarbeitet und tut, was man von ihm verlangt, vorausgesetzt, man gibt ihm einfache, klare Anweisungen. Es braucht manchmal etwas mehr Geduld als andere Pferde. Wenn die Ganaschen klein sind und die Augen nahe beieinander liegen, lernt das Pferd vielleicht langsam, ist aber meist sehr verläßlich, wenn es seine Lektion gelernt hat.

8. *Breit von der Nasenmitte zum Backenrand, schlecht ausgeprägte Ganaschen:*
Ein Pferd, das langsam lernt und inflexibel ist.

9. *Breites, hervortretendes Nasenbein:*
Kann ein Anzeichen von Starrsinn sein.

10. *Eine extrem flach nach hinten fliehende Stirn:*
Sehr selten, deutet auf eine widerspenstige Persönlichkeit hin.

Den Charakter beurteilen

Die Ganaschen

1. Große, runde Ganaschen

1. *Groß und rund:*
   Das Pferd scheint intelligent und arbeitswillig zu sein.

2. Mittelgroße Ganaschen

2. *Mittlere Ganaschen:*
   Zeigen eine durchschnittliche Lernfähigkeit an. (Man kann sein Pferd mit einer intelligenten Ausbildung so fördern, daß es sich weit über den Durchschnitt hinaus entwickelt.)

Kleine, wenig ausgeprägte Ganaschen

3. *Kleine Ganaschen:*
   Ein Pferd, das nur schwer versteht. Es ist möglich, daß für die Luftröhre nur so wenig Platz da ist, daß die Atmung beeinträchtigt ist. Dies würde sich in einer nur begrenzten Leistungsfähigkeit bemerkbar machen, was wiederum einen Mangel an Selbstvertrauen hervorruft.

Die Bestandteile der Analyse 31

„Hubbel" und Höcker

1. Wölbung zwischen den Augen

1. *Eine Wölbung zwischen den Augen:*
Diese Pferde sind normalerweise unberechenbar und lernen oft nur langsam. Lernschritte müssen oft wiederholt werden, bis das Pferd sie begriffen hat. Solche Pferde brauchen Geduld.

2. Höcker unterhalb der Augen

2. *Ein (ziemlich breiter) Höcker gerade unterhalb der Augen:*
Pferde mit diesem Merkmal können etwas inflexibel sein und unter Druck Widerstand leisten.

3. „Spinnerhubbel"

3. *„Spinnerhubbel"* (ein kleiner Hubbel einige Zentimeter unterhalb der Augen):
Er kann auf ein Pferd hindeuten, das die meiste Zeit über ganz verläßlich ist, das aber ganz plötzlich und aus unerfindlichen Gründen sein Verhalten ändern kann. Diese Pferde haben mit Ausbildungsmethoden, die Unterwürfigkeit verlangen, Schwierigkeiten. Mit Verständnis, Geduld und klaren Anweisungen kann man ihre Unberechenbarkeit überwinden.

32 Den Charakter beurteilen

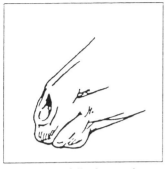
1. Abfallendes Maul

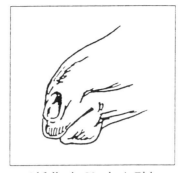
2. Abfallendes Maul mit Elchnase

3. Quadratische Maulpartie

4. Fein ausgebildetes, weiches Maul

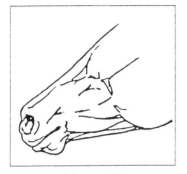
5. „Teetassen"-Nase

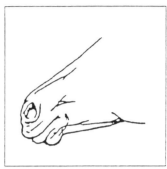
6. Kleines, abgesetztes Maul

7. Leicht gerundete Maulpartie

Die Maulpartie

1. *Abfallendes Maul:*
   Unterscheidet sich von einer Elchnase dadurch, daß die Linie von oberhalb der Nüstern bis zur Oberlippe hin scharf abfällt. Solche Pferde neigen sehr dazu, jeden neuen Reiter erst einmal zu testen, um festzustellen, wer das Sagen hat.

2. *Eine abfallende Maulpartie kombiniert mit einer Elchnase:*
   Deutet auf einen sehr dominanten Charakter hin.

3. *Quadratische Maulpartie:*
   Dieses Pferd hat die Anlage zu einem gefestigten, unkomplizierten Wesen.

4. *Fein ausgebildetes, weiches Maul:*
   Meist ein Pferd mit einer sensiblen Persönlichkeit.

5. *„Teetassen"-Nase:*
   Diese englische Definition (für Araber) entstand, weil das Maul klein genug schien, um in eine Teetasse zu passen. Ein Zeichen für ein intelligentes und sensibles Pferd.

6. *Kleines, abgesetztes Maul:*
   Deutet auf ein eigensinniges Pferd hin.

7. *Leicht gerundete Maulpartie:*
   Dieses Pferd ist vielleicht etwas starrsinnig und braucht länger, um Neues zu lernen.

Die Bestandteile der Analyse 33

1. Lange Maulspalte

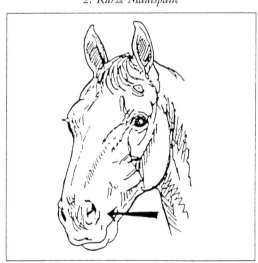

2. Kurze Maulspalte

3. Mittellange Maulspalte

4. Oberhalb der Maulspalte gedunsen

Die Maulspalte

1. *Eine ungewöhnlich lange Maulspalte:*
   Zeichen von Empfindsamkeit, hochaktiver Intelligenz und der Fähigkeit, besonders schnell zu lernen. Solche Pferde langweilen sich oft und suchen nach Möglichkeiten, sich zu amüsieren. Das wird dann fälschlich für „schlechten Charakter" gehalten.

2. *Kurze Maulspalte:*
   Ein starrsinniges Pferd, das nur langsam lernt. Meist haben es solche Pferde leichter mit einer gebißlosen Zäumung, etwa einer Art Hackamore.

3. *Mittellange Maulspalte (Ende etwa auf Höhe des oberen Nüsternrands):*
   Daraus kann man nicht auf den Charakter schließen. Sehen Sie sich die anderen Körpermerkmale an.

4. *Oberhalb der Maulspalte geschwollen oder aufgedunsen:*
   Ein Hinweis auf einen Dickkopf! Nicht auf einen Streit einlassen.

Die Lippen

1. *Flache Oberlippe (von vorn gesehen):*
   Im allgemeinen sind solche Pferde sehr unabhängig, zielstrebig und kümmern sich um ihre eigenen Angelegenheiten.

2. *Gut ausgebildete oder herzförmige Oberlippe (ich bezeichne die Lippe als herzförmig, weil sie in ihrer Form an den oberen Teil eines umgedrehten Herzens erinnert):*
   Deutet auf einen ausdrucksstarken, neugierigen und extrovertierten Charakter hin.

3. *Ein Schnurrbart:*
   Dieses Merkmal ist ungewöhnlich. Die meisten Pferde mit einem Schnurrbart, die ich kannte, hatten ein freundliches, rücksichtsvolles Wesen.

4. *Vorstehende Oberlippe:*
   Sie sieht manchmal wie ein Überbiß aus (ein Gebäudefehler, bei dem der Oberkiefer über den Unterkiefer hervorsteht), aber die Stellung der Zähne ist tatsächlich normal. Pferde machen ihre Oberlippe lang, wenn sie sich konzentrieren oder wenn sie nervös oder unsicher sind.

5. *Steife Oberlippe:*
   Das kann ein Zeichen für ein nach innen gekehrtes Pferd sein, das sich nicht sehr für Menschen und seine Umgebung interessiert.

6. *Flappende Unterlippe:*
   Sie weist auf Nervosität hin oder auf ein Pferd, das übersensibel und unkonzentriert ist. Falls die Lippe manchmal herunterhängt, aber nicht flattert, hat man es mit einem Pferd zu tun, das nur langsam reagiert und lernt.

7. *Bewegliche Oberlippe:*
   Ein Hinweis auf Neugier und das Bedürfnis nach körperlichem Kontakt mit Menschen, beispielsweise an ihnen herumzuknibbeln.

8. *Entspannte Oberlippe:*
   Von vorn gesehen geht die Oberlippe nicht geradlinig von links nach rechts, sondern wirkt entspannt, weil sie Unebenheiten aufweist und sich zwischen den Nüstern ein wenig nach unten senkt. Eine solche Lippe ist ein Zeichen für eine entspannte Einstellung. Sie kann aber auch ein irreführendes Zeichen sein und muß im Zusammenhang mit anderen Gesichtscharakteristika gesehen werden.

9. *Hängende Unterlippe:*
   Ein Zeichen für langsames Denken.

10. *Abgesetzte Lippen- und Kinnpartie:*
    Hier ist die Lippe durch einen Wulst vom Kinn abgetrennt und setzt sich so klar ab. Dieses Merkmal deutet auf einen vielschichtigen Charakter hin.

Die Bestandteile der Analyse 35

1. Flache Oberlippe

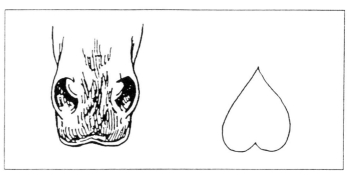
2. Herzförmige Oberlippe

3. Schnurrbart

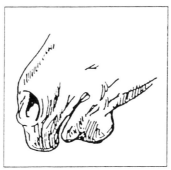
4. Vorstehende Oberlippe

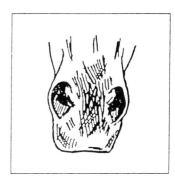
5. Steife Oberlippe

6. Flappende Unterlippe

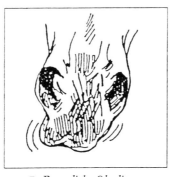
7. Bewegliche Oberlippe

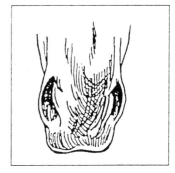
8. Entspannte Oberlippe

9. Hängende Unterlippe

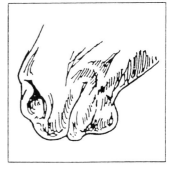
10. Lippen und Kinn abgesetzt

36 Den Charakter beurteilen

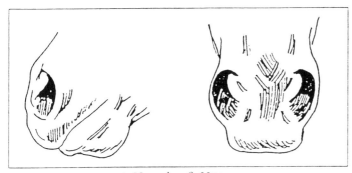
1. Normal große Nüstern

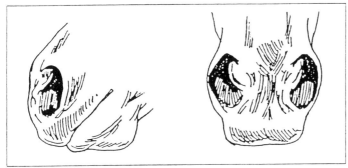
2. Groß, beweglich und offen

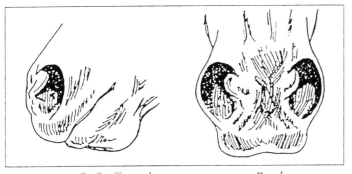
3. Groß, offen und entspannt am unteren Rand, oben Form einer züngelnden Flamme

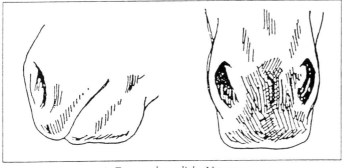
4. Enge, unbewegliche Nüstern

Die Nüstern

Es ist erstaunlich, wie viele verschiedene Variationen von Nüstern es gibt. Sie können lang, kurz, sehr beweglich oder ziemlich unbeweglich sein, dicke oder dünne Ränder haben. Im allgemeinen kann man sagen, daß ein Pferd um so intelligenter ist, je größer seine Nüstern sind.

1. *Normalgröße:*
   Am unteren Rand genauso weit wie oben – durchschnittliche Intelligenz.
2. *Groß, beweglich und offen (oberer Nüsternrand sehr fein ausgebildet, der untere Teil ist geöffnet):*
   Dadurch zeichnet sich ein intelligentes Pferd aus, das sich für alles interessiert und eifrig arbeitet.
3. *Groß, offen und entspannt am unteren Rand, der obere Rand hat die Form einer züngelnden Flamme:*
   Ein intelligentes Pferd, das viel nachdenkt. Falls aber die Haut gerade oberhalb der Nüster lose ist, kann man daraus häufig entnehmen, daß das Pferd übermäßig viel schnaubt und leicht scheut. Einem solchen Pferd fällt es schwer, sich zu ändern.
4. *Eng und unbeweglich:*
   Solche Nüstern sind ein Zeichen von geistiger Unterentwicklung oder deuten an, daß das Pferd Schwierigkeiten hat zu verstehen, was

man von ihm will. Die Nüstern können sich verändern, wenn ein Pferd mehr Interesse an der Arbeit bekommt und sich geistig weiterentwickelt, besonders durch die TTEAM-Übungen. Es ist interessant, die Nüstern und die Kopfform vor dem Ausbildungsbeginn zu fotografieren, um die Veränderungen besser beobachten zu können. Junge Pferde verändern sich beim Prozeß des Erwachsenwerdens sehr, aber auch alte Pferde können oft ganz erstaunliche Wandlungen durchmachen.

5. *Falten oberhalb der Nüstern mit beschleunigter Atmung:*
   Vielleicht hat das Pferd Schmerzen; bei einem älteren Pferd mit ausgeprägtem Charakter kann es auch ein Ausdruck von Verachtung sein.
6. *Nüsternränder sind gut ausgeprägt:*
   Ein intelligentes Pferd, das schnell begreift.
7. *Wohlgeformt, nach oben spitz zulaufend:*
   Pferde, die viel denken. Ist der obere Nüsternrand sehr ausgeprägt und fest, arbeiten solche Pferde gern mit, wenn die Person, mit der sie arbeiten, gerecht und selbstsicher ist.
8. *Groß, geöffnet und nach oben hin abgerundet:*
   Dieses Pferd ist sehr aufgeweckt.

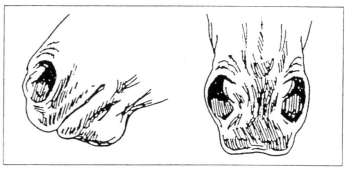

5. *Falten oberhalb der Nüstern*

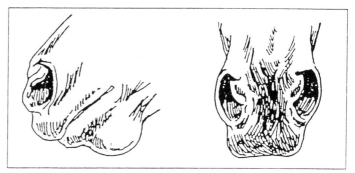

6. *Nüsternrand gut ausgeprägt*

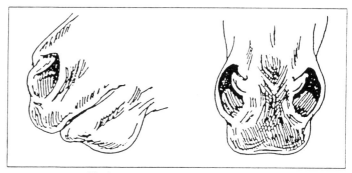

7. *Wohlgeformte Nüstern, nach oben spitz zulaufend*

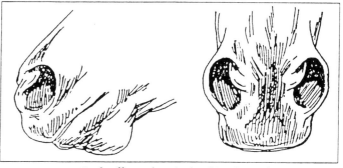

8. *Groß, offen und nach oben hin abgerundet*

Das Kinn

1. *Rund und weich:*
Deutet auf ein einfaches und unkompliziertes Wesen hin.

2. *Spitz und hart:*
Ein steinhartes Kinn kann bedeuten, daß es sich hier um ein neurotisches Pferd handelt, das unvernünftig ist und sich nur schwer verändert. Es kann widerspenstig sein und hat die Tendenz, mit dem Reiter zu kämpfen. Wenn sich solche Pferde aufregen, wird ihr Kinn steinhart. Falls diese Beschreibung auf Ihr Pferd zutrifft, versuchen Sie sein Kinn mit der Übung auf Seite 172 weicher zu machen.

3. *Ein langes, flaches, schmales Kinn:*
Ein Zeichen hoher Intelligenz. Normalerweise hat ein Pferd mit diesem Merkmal auch eine Maulspalte, die überdurchschnittlich lang ist. Oft werden solche Pferde als „schwierig" abgestempelt.

4. *Doppelkinn:*
Pferde mit dieser Art von Kinn sind normalerweise schlau.

5. *Abgesetztes Kinn:*
Das Kinn ist, oft durch starke Falten oder Wülste, von der Unterlippe deutlich abgesetzt. Das läßt auf einen komplizierten Charakter schließen.

6. *Ein Kinn von mittlerer Dicke:*
Es ist entspannt und bildet einen 45-Grad-Winkel von der Spitze des Kinns zur Unterlippe. Solche Pferde sind beständig und arbeiten gern mit.

7. *Kurz und abgerundet, ein Kinn, das von der Maulspalte zur Spitze des Kinns schön breit ist:*
Ein Zeichen für ein verläßliches Pferd.

Die Bestandteile der Analyse 39

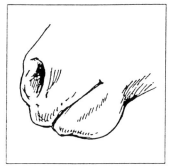
1. Rundes, weiches Kinn

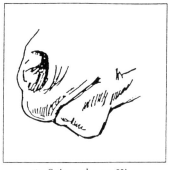
2. Spitzes, hartes Kinn

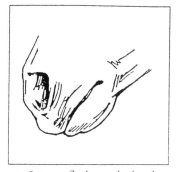
3. Langes, flaches und schmales Kinn

4. Doppelkinn

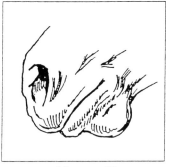
5. Abgesetzes Kinn

6. Entspanntes Kinn mittlerer Dicke

7. Kurzes, abgerundetes Kinn

40 Den Charakter beurteilen

Die Augen

Die Augen sind wohl der Teil des Kopfes, der sich am meisten verändern kann. Ist der Ausdruck der Augen hart, weich, stolz, stumpf, traurig, ängstlich, nach innen gekehrt, freundlich, vertrauensvoll oder mißtrauisch? Sie können beobachten, wie sich die Augen eines Pferdes verändern, während Sie mit ihm arbeiten.

1. *Großes, weiches, rundes Auge:*
   Im allgemeinen sind Pferde mit solchen Augen willig und vertrauen den Menschen.

1. Großes, weiches, rundes Auge

2. *Großes, hartes, rundes Auge:*
   Der Ausdruck der Augen ist stolz und abweisend, wie der Blick eines Adlers. Pferde mit solchen Augen sind meist hervorragende Rennpferde, Spitzenpferde, die nicht einfach, sondern stolz und unabhängig sind.

3. *Falten über dem Auge:*
   Es wirkt durch mehrere Falten direkt über dem Auge dreieckig und scheint fragend oder sorgenvoll zu blicken – das Pferd ist unsicher. Wenn ein Pferd diesen Augenausdruck bekommt, während Sie mit ihm arbeiten, heißt das, es versteht nicht, was Sie von ihm wollen. Bestrafen Sie Ihr Pferd dann nicht für seine Widersetzlichkeit, sondern teilen Sie die Lektion in leichtere Lernschritte auf, die Sie ihm dann Schritt für Schritt beibringen können.

2. Großes, hartes, rundes Auge

4. *Gespanntes, rundes Auge ohne Falten:*
   Zeigt ein hohes Maß von Unruhe und Verspannung an.

5. *Mittelgroßes Auge:*
   Deutet auf mittlere Intelligenz.

6. *Kleines Auge (bei sehr kleinen spricht man manchmal von „Schweinsaugen"):*
   Solche Pferde sind oft starrsinnig und lernen langsam. Druck verkraften sie schlecht und werden sehr widerspenstig. Ein kleines Auge kann tiefliegend aussehen, wenn das Pferd große Schmerzen hat.

7. *Mandelförmiges Auge:*
   Ein williges Pferd, das gern mitarbeitet. Das Pferd kann introvertiert und etwas zurückhaltend sein, bis es gelernt hat, Ihnen zu vertrauen.

8. *Dreieckige Augenform:*
   Ein Pferd von durchschnittlicher Intelligenz. Die Persönlichkeit ist von anderen Charakteristika abhängig.

Die Bestandteile der Analyse 41

3. Falten über dem Auge

4. Gespanntes, rundes Auge ohne Falten

5. Mittelgroßes Auge

6. Kleines (Schweins-)Auge

7. Mandelförmiges Auge

8. Dreieckiges Auge

42 Den Charakter beurteilen

9a. *Weiß im Auge:*
Für Appaloosas oder Pferde mit einer Blesse ist das normal.

9b. *Weiß ums Auge:*
Bei einfarbigen Pferden hat etwas Weiß unter- oder oberhalb der Pupille, das sich nicht mit der Stimmung verändert, nichts zu bedeuten. Wenn aber das Weiße je nach dem Gemütszustand des Pferdes sichtbar wird und wieder verschwindet, zeigt das eine geistige Unausgeglichenheit oder extreme Verspannung an. Falls Verspannung der Grund ist, sieht man das Weiße nur, wenn das Pferd den Kopf hoch hält, nicht aber, wenn der Kopf gesenkt ist. Manche Leute glauben, daß man dieser Art von Pferd niemals ganz vertrauen kann. Meiner Erfahrung nach leiden solche Pferde oft an körperlichen Schmerzen, von denen ihre Reiter nichts wissen.

10. *Verdecktes, halb geschlossenes Auge:*
Ein Pferd, das oft in sich gekehrt ist und langsam reagiert.

11. *Gruben über den Augen:*
Weisen auf ein anstrengendes Leben oder eine schwere frühere Krankheit hin. In Kanada habe ich ungewöhnlich starke Höhlen über den Augen bei unterernährten jungen Pferden gesehen, die den Winter bei tiefen Minusgraden ohne ausreichendes Futter und Schutz im Freien verbringen mußten.

12. *Weit auseinanderliegende Augen:*
Ein intelligentes Pferd, das rasch lernt. Aber diese Art von Pferd kann seine Intelligenz auch dazu gebrauchen, einen unerfahrenen Reiter auszunutzen.

13. *Eng zusammenliegende Augen:*
Das Pferd lernt etwas langsamer, was gar nicht immer unerwünscht ist. Manchmal ist es sogar besser, wenn ein Schul- oder Anfängerpferd nicht zu schlau ist. Wenn ein schmalsichtiges Pferd seine Lektion gelernt hat, behält es sie normalerweise und ist ein hervorragender Arbeiter.

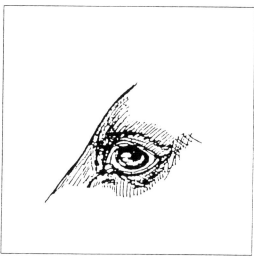
9a. Weiß im Auge

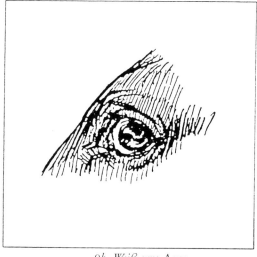
9b. Weiß ums Auge

14. *Augen, die hoch am Kopf liegen:*
Kann ein Zeichen für ein langsam lernendes Pferd sein.

15. *Augen sitzen weit seitlich am Kopf:*
Das beeinträchtigt die Sicht. Pferde mit solchen Augen können desinteressiert an ihrer Umgebung wirken oder aber ängstlich sein und vor anderen Pferden oder Fahrzeugen, die sich auf sie zu bewegen, scheuen.

Die Bestandteile der Analyse 43

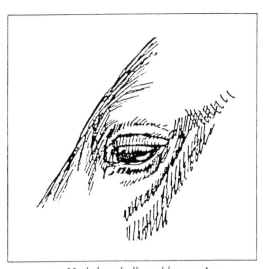

10. Verdecktes, halb geschlossenes Auge

11. Gruben über den Augen

12. Weit auseinanderliegende Augen

13. Eng zusammenliegende Augen

14. Hoch am Kopf, nahe dem Ohr, angesetztes Auge

15. Weit seitlich angesetzte Augen

Die Ohren

Sind die Ohren lang und schmal oder breit? Sitzen sie an der Basis nahe zusammen oder weit auseinander? Jeder Aspekt sagt etwas ganz Bestimmtes über den Charakter aus. Denken Sie daran, die folgenden Beschreibungen immer in bezug auf das, was für die jeweilige Rasse normal ist, zu betrachten.

1. *Ohren, die an der Spitze weiter auseinanderstehen als am Ansatz:*
   Ein Zeichen von Beständigkeit und Unkompliziertheit.

2. *Ohren, die gerade nach oben gehen und unten und oben gleich weit auseinander stehen:*
   Pferde mit solchen Ohren sind meist voller Energie und manchmal sogar etwas hitzig.

3. *Ohren, die am Ansatz weit auseinanderliegen:*
   Dieses Pferd hat wahrscheinlich ein gutes Lernvermögen und ist beständig.

4. *Lange Ohren, die eng zusammenstehen:*
   Ein Zeichen für ein tendenziell wechselhaftes und unbeständiges Pferd.

5. *Die Ohren stehen oben enger zusammen als unten:*
   Normalerweise ist diese Art von Ohren an den Spitzen sehr fein ausgebildet. Solche Pferde sind oft heftig und feurig. Manche der Championatspferde bei Schauen der Araber, Morgans und auch Saddlebreds haben solche Ohren, die das für die Schauvorführungen erwünschte lebhafte Temperament anzeigen.

6. *Schlappohren:*
   Sie sind ein Zeichen großer Zuverlässigkeit.

7. *Breites, wohlgeformtes Ohr:*
   Deutet auf Beständigkeit und Verläßlichkeit hin.

8. *Breites Ohr, wenig ausgeformt:*
   Ein Pferd, das nicht viel wissen will, sondern einfach das tut, was von ihm verlangt wird. Seine Lernfähigkeit ist durchschnittlich, es arbeitet willig mit.

9. *Zarte, geschwungene Ohren, die fein ausgebildet sind:*
   Normalerweise zeugen solche Ohren von Intelligenz.

10. *„Stecknadelohren" (sehr kurze Ohren):*
    Pferde mit solchen Ohren sind oft eigensinnig.

11. *Haarbüschel in den Ohren:*
    Kommen oft bei etwas sturen, eigensinnigen Pferden vor.

Die Bestandteile der Analyse 45

1. Ohrabstand an der Spitze breiter als am Ansatz

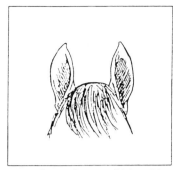

2. Ohren gehen im gleichen Abstand gerade nach oben

3. Ohransatz weit auseinander

4. Lange Ohren, die eng zusammenstehen

5. Abstand am Ansatz breiter als an der Spitze

6. Schlappohren

7. Breites, wohlgeformtes Ohr

8. Breites Ohr, wenig ausgeformt

9. Zarte, geschwungene Ohren

10. Sehr kurze (Stecknadel-)Ohren

11. Haarbüschel in den Ohren

Wirbel

Wirbel sind bei Pferden das Äquivalent zu den Fingerabdrücken des Menschen. Kein Pferd hat die gleichen Wirbelmuster, sie sind wie ein Stempel, der die einzigartige Identität des Individuums hervorhebt. Bei einer Anzahl von Rassen werden die Wirbelmuster benutzt, um Pferde zu identifizieren: Die „Arabian Horse Association" (der amerikanische Zuchtverband für Araber) verlangt eine Auflistung der Wirbel bei der Identifizierung von Rennpferden, und „The American Quarter Horse Association" (der amerikanische Zuchtverband für Quarter Horses) benutzt die Wirbel, um Pferde ohne Abzeichen identifizieren zu können. Wenn Vollblüter in den Zuchtverband aufgenommen werden, besteht ein Teil des Verfahrens darin, die Wirbelmuster im Gesicht und auf beiden Halsseiten einzutragen.

Ein Wirbel kann als ein spezifisches Muster im Fell eines Tieres beschrieben werden. Er entsteht durch die Art und Weise, in der sich die Haare legen. Oft sind sie in wirbelnden Mustern angelegt und sehen aus wie bewegliche Speichen, die sich um die Mitte drehen. Wie schon erwähnt hat mich mein Großvater Will Caywood zum erstenmal auf sie aufmerksam gemacht und mir beigebracht, daß mehr hinter diesen seltsamen Wirbeln steckt, als man auf den ersten Blick vermutet. Er wiederum hatte seine Deutungen von einem Zigeuner übernommen, der während seiner Zeit als Trainer im Rennstall des Zaren für ihn dolmetschte. Viel später lernte ich, daß auch die Beduinen den Wirbeln große Bedeutung zumaßen. Sie bestimmten unter anderem den Wert und den Preis eines Pferdes.

Dann erbrachte die Fragebogenaktion, die ich 1965 mit meinem Mann veranstaltete, die Daten von 1.500 verschiedenen Pferden, und seither habe ich mich mit dem Phänomen der Persönlichkeitsanalyse beschäftigt. Daraus hat sich allmählich ein ebenso faszinierendes wie provokatives System entwickelt, das sich aber als außerordentlich nützlich und hilfreich erwiesen hat.

Im Jahr 1979 besuchte ich in Israel eine Ranch über dem Galiläischen Meer, die ihren Gästen Reitpferde zur Verfügung stellte. Ich wurde gebeten, mir eines der Verleihpferde anzusehen, das so bösartig war, daß der Besitzer daran dachte, es einschläfern zu lassen. Das Pferd, ein schwarzer Wallach von etwa 1,60 m Stockmaß, biß und schlug und machte beim Satteln und Aufsteigen Schwierigkeiten. Er mußte beidseitig angebunden werden, und man brauchte zwei Leute auf jeder Seite, um ihn zu führen.

Ich wollte das Pferd sehen und stellte fest, daß es einen langen Wirbel auf der Stirn hatte, der bis einige Zentimeter unter die Augen reichte.

„Wissen Sie", sagte ich, „ich glaube nicht, daß dies ein bösartiges Pferd ist. Ein solcher Wirbel deutet normalerweise auf ein freundliches Wesen hin. Es muß einen Grund für sein aggressives Verhalten geben."

Das Pferd wurde beidseitig angebunden, und ich untersuchte es. Dabei stellte ich fest, daß es sehr empfindlich im Halsbereich war und heiße, aufgescheuerte Stellen auf beiden Seiten des Widerrists hatte. Ich überprüfte die Paßform seines Sattels: Es war einer der schlechtesten, die mir je begegnet sind. Die Sattelkammer saß auf dem Widerrist auf, der Sattelbaum drückte direkt auf die Stellen hinter und neben dem Widerrist. Der Druck auf diesen Stellen verursachte Schmerzen und wirkte auf das Zwerchfell ein, wodurch die Atmung behindert wurde.

Ich behandelte die schmerzenden Stellen, indem ich den Tellington-TTouch des Wolken-Leoparden benutzte. Nachdem ich eine Stunde lang mit ihm gearbeitet hatte, gelang es mir, seine Schmerzen so weit zu lindern, daß er aufhörte, die Ohren zurückzulegen, und nicht mehr zu beißen versuchte. Sein Besitzer konnte kaum glauben, daß es das gleiche Tier war, und beschloß, dem Pferd mit einem passenden Sattel noch eine Chance zu geben.

Ohne diesen langen Wirbel hätte ich nicht gleich an ein körperliches Problem gedacht. Aber nachdem sein Verhalten so ausgesprochen uncharakteristisch für seine Art von Wirbel war, begann ich, nach Schmerzen im Körper zu suchen.

Am besten benutzt man Wirbel im Zusammenhang mit allen anderen Merkmalen des Pferdekopfes, um den Charakter zu beurteilen. Ein Beispiel dafür ist eine Berufsreiterin, die in Deutschland lebt und arbeitet. Sie schrieb mir, nachdem sie einen Artikel von mir in der „Freizeit im Sattel" gelesen hatte, schickte das Bild eines Pferdes mit, das ihr große Schwierigkeiten machte, und bat mich um meine Meinung.

Sie hatte das Pferd gekauft, um es in Dressur auszubilden, und war nun völlig frustriert, weil sie keine wirklichen Fortschritte mit ihm machte. Es war außergewöhnlich widerspenstig und teilnahmslos. Nun war sie nicht nur entmutigt, sondern – was noch schlimmer war – im Begriff, ihr Selbstvertrauen als Ausbilderin zu verlieren.

Ich warf einen Blick auf das Pferd und dachte: Aha, kein Wunder, daß sie so frustriert ist! Das Pferd hatte einen dreifachen Wirbel auf der Stirn, kurze, nah zusammenstehende Ohren, sehr schmale Nüstern, kleine Augen und eine besonders kurze Maulspalte. Form und Stellung der Ohren, Nüstern, Augen und des Mauls ergaben das Bild eines wenig intelligenten, widerspenstigen Pferdes, und die drei Wirbel deuteten dazu noch auf Unberechenbarkeit hin.

In meinem Antwortbrief schrieb ich: „Wenn man bedenkt, wie viele Pferde Sie zu reiten haben und was Sie mit diesem Pferd vorhaben, würde ich Ihnen raten, es an jemanden zu verkaufen, der Pferde mit kompliziertem Charakter interessant findet und die Herausforderung liebt. Suchen Sie einen Reiter, der Zeit, Geduld und Interesse hat, mit einem widersetzlichen Pferd zu arbeiten."

Einige Wochen später antwortete sie mir, wie erleichtert sie gewesen sei zu hören, daß der Fehler nicht an ihrer Ausbildung lag. Viele Leute fühlen sich als Versager, wenn sie sich entschließen, bei einem Pferd aufzugeben. Ich habe festgestellt, daß die Beurteilung der Persönlichkeit Reitern sehr bei einer solchen Entscheidung helfen kann.

Bitte beachten Sie folgendes: Ehe Sie nun zum nächsten Teil über die verschiedenen Arten von Gesichtswirbeln und ihre Bedeutung weitergehen, möchte ich betonen, daß bei einer Persönlichkeitsanalyse nicht nur die Wirbel allein in Betracht gezogen werden dürfen, sondern daß sie nur einer von vielen verschiedenen Faktoren sind, die zum Gesamtbild beitragen.

48 Den Charakter beurteilen

Wirbel im Gesicht

1. *Ein einzelner Wirbel zwischen oder über den Augen:*
Die meisten Pferde in unserer Untersuchung und auch in meinen Studien hatten diese Art von Wirbel. Er läßt auf ein Pferd mit einem normalerweise unkomplizierten Wesen schließen, aber auch da gibt es Unterschiede. Manchmal ist der Wirbel nicht ganz in der Mitte, sondern etwas weiter links oder rechts.
Ein Pferd, dessen Wirbel, wenn Sie vor dem Pferd stehen, etwas nach links verschoben ist, tendiert dazu, ein klein wenig schwieriger zu sein, ist aber immer noch vertrauenswürdig. Pferde, deren Wirbel sich etwas weiter rechts befindet, arbeiten oft weniger gern mit als Pferde, deren Wirbel in der Mitte oder zur Linken liegen. Ganz allgemein sagt diese Art von Wirbeln aber weniger über den Charakter aus als die komplizierteren Muster.

1. Einzelner Wirbel zwischen oder über den Augen

2. *Ein einzelner Wirbel mehrere Zentimeter unterhalb der Augen:*
Wir haben festgestellt, daß über 80 Prozent der Pferde mit diesem Erscheinungsbild ungewöhnlich intelligent und einfallsreich sind. Sie amüsieren sich gern – oft allerdings auf Kosten ihres Besitzers. Uns wurde von Pferden berichtet, die es sich zur Gewohnheit gemacht hatten, Wasserhähne aufzudrehen, Stalltüren zu öffnen, um sich selbst und andere Pferde hinauszulassen, komplizierte Knoten zu lösen und Wege zu finden, aus der Weide auszubrechen. Diese Pferde sind zumeist überdurchschnittlich intelligent und im Umgang interessante Persönlichkeiten.

2. Ein einzelner Wirbel unterhalb der Augen

3. *Ein einzelner, langer Wirbel, der nur zwischen den Augen sein kann oder aber auch bis unter die Augen reicht:*

3. Ein einzelner langer Wirbel unterhalb der Augen

Die Bestandteile der Analyse 49

4a. Zwei Wirbel nebeneinander

4b. Zwei Wirbel übereinander

Ein Zeichen für ein freundliches Pferd, das besonders gern mit Menschen Umgang hat. In den letzten 20 Jahren habe ich immer wieder festgestellt, daß Pferde mit diesem Wirbel nur dann unfreundlich sind, wenn sie Schmerzen haben oder schlecht behandelt worden sind.

4a. *Zwei Wirbel auf einmal, entweder einer*
4b. *über dem anderen oder einer neben dem anderen:*
Diese Wirbel können über, zwischen oder unterhalb der Augen vorkommen und stehen manchmal auch in einem Winkel zueinander. Die Informationen, die man diesen Wirbeln entnehmen kann, haben sich über die Jahre hinweg für Reiter und Ausbilder als besonders nützlich erwiesen. Pferde mit dieser Wirbelkombination neigen dazu, übermäßig emotional zu sein, und reagieren überdurchschnittlich heftig. Sie haben die Tendenz, sich ohne ersichtlichen Grund und in unerwarteten Situationen aufzuregen. Wenn solchen Pferden „der Kragen platzt", zieht man sich am besten zurück und wartet, bis sie sich beruhigt haben. Es nutzt nichts, sie zu bestrafen; das verschlimmert tatsächlich ihr Verhalten nur und fordert noch mehr Widerstand heraus.

Ich habe festgestellt, daß sich diese Bewertung etwa zu 70 Prozent bewahrheitet. Ein Pferd mit zwei Wirbeln kann aber auch ein hervorragendes Pferd sein. Ein paar meiner besten Showpferde zeigten diese Konfiguration. Aber im allgemeinen sind Pferde mit solchen Wirbeln nicht ideal für unerfahrene Reiter.

Bevor ich die TTEAM-Methode entwickelte, empfahl ich normalerweise, daß Pferde mit zwei zusammenstehenden Wirbeln nur von erfahrenen Reitern geritten werden sollten. Mit Geduld und der TTEAM-Methode kann man jetzt aber beinahe immer die unerwünschte Neigung zu heftigen Reaktionen beseitigen.

Meine Schwester und inspirierende Beraterin Robyn Hood züchtet Islandpferde. Sie hat festgestellt, daß Isländer öfter als andere Rassen doppelte Wirbel haben. Sie sagt, daß manche tatsächlich etwas überemotional sind, im Schnitt aber weniger als bei anderen Rassen mit dem gleichen Wirbelmuster.

Robyn hat auch bemerkt, daß Isländer im allgemeinen sehr viel mehr Wirbel an verschiedenen Stellen am Kopf haben, etwa auf den Ganaschen und an den Seiten des Gesichts, gerade über dem Maul. Bei diesen Pferden scheint die Häufigkeit der Wirbel nicht so im Zusammenhang mit einer komplizierten Persönlichkeit zu stehen wie bei anderen Rassen.

Interessanterweise besagt in Island eine alte Überlieferung, daß Pferde mit Fellwirbeln auf dem Hals oder am Mähnenkamm besonders gute Schwimmer sind. In einem Land mit gefährlichen Flüssen und Gezeiten ist das sehr nützlich.

5a. *Drei Wirbel nahe beieinander auf der*
5b. *Stirn (nicht unter dem Stirnschopf):*
5c. Dreifache Wirbel sind sehr selten, und bei unserer Umfrage wurden nur wenige gemeldet.

Meine eigenen Beobachtungen in den darauffolgenden Jahren ergaben aber, daß ein dreifacher Wirbel bei Stuten und Wallachen zwar auf eine vielschichtige, aber nicht auf eine unberechenbare Persönlichkeit schließen läßt. Bei Hengsten dagegen ist das eine ganz andere Sache – etwa 80 Prozent der Hengste mit einem dreifachen Wirbel, die ich beobachtet habe, zeigten unzuverlässiges und oft gefährliches Verhalten.

Obwohl es äußerst selten ist, habe ich doch Fälle von mehreren Gesichtswirbeln gesehen und wage zu sagen, daß solche Muster meist ein kompliziertes Pferd anzeigen. Vor vielen Jahren war ich einmal als Richterin auf einem Turnier in Kalifornien, und als sich die Reiter aufstellten, fiel mir eine kleine Dunkelfuchsstute auf, die erstaunlicherweise 16 Wirbel im Gesicht hatte. Es stellte sich heraus, daß sie ein sehr erfolgreiches Springpferd in der Juniorenklasse war, aber ihr Besitzer, ein 15jähriger Junge, war der einzige Mensch, der sie reiten konnte. Der junge Mann sagte, daß sie am Anfang sehr schwierig auszubilden gewesen sei, daß sie nun aber sehr an ihm hänge und alles für ihn tun würde.

5a. Drei Wirbel im Dreieck, Spitze nach oben

5b. Drei Wirbel im Dreieck, Spitze nach unten

5c. Drei Wirbel übereinander

Die Bestandteile der Analyse 51

Sieben verschiedene Gesichtswirbel

Hier sehen Sie Fotografien von sieben Pferden als Beispiele für verschiedene Gesichtswirbel. Unterschiedliche Rassen und Pferde in verschiedenen Ländern zeigen spezifische Unterschiede in bezug auf diese Muster. Von den 20 Pferden, die ich vor kurzem auf einer Reise in Jordanien sah, hatten vier Wirbelmuster, die mir ganz neu waren. Falls Sie ungewöhnlichen Mustern begegnen, machen Sie ein paar gute Bilder oder eine genaue Zeichnung des Musters und beschreiben Sie das allgemeine Verhalten des Pferdes. Bitte schicken Sie diese Informationen an das TTEAM-Büro (siehe Seite 187). Ich sammle Wirbelmuster aus der ganzen Welt und würde gern eines Tages die neuen Forschungsergebnisse veröffentlichen.

1a. *WINNER:*
1b. Ein langer Wirbel, der über und unter die Augen hinausgeht. Ein freundliches, interessiertes Pferd.

1a. Winner

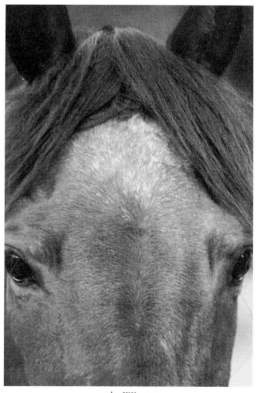

1b. Winner

52 Den Charakter beurteilen

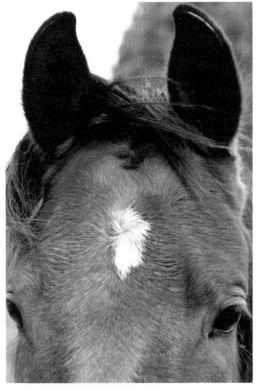

2. Cielo

3. Leia

4a + b. Savannah Wind

Die Bestandteile der Analyse 53

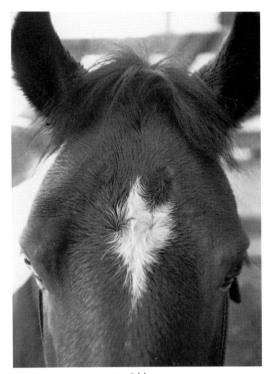

5. Ohlone

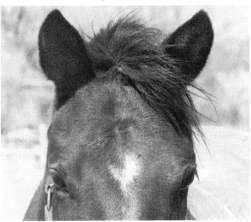

6. Tulip

7. Amigo

2. *CIELO:*
Ein einziger Wirbel in der Mitte der Stirn: Ein im allgemeinen unkompliziertes Wesen. Diese Wirbelform sagt weniger über die Persönlichkeit aus als die komplizierteren Muster.

3. *LEIA:*
Wenn man ihr gegenübersteht, kann man den Wirbel etwas weiter rechts über den Augen sehen. Das deutet auf die Neigung hin, den Reiter zu testen und ihren eigenen Kopf zu haben.

4a. *SAVANNAH WIND:*
4b. Ein kleiner Wirbel genau in der Mitte der Stirn zwischen den Augen. Das zeigt ein unkompliziertes Wesen an. Solche Wirbel sagen nicht soviel über den Charakter aus wie die anderen, komplizierteren Wirbelformen.

5. *OHLONE:*
Vier Wirbel gruppieren sich auf der Stirn gerade über Augenhöhe. Das Pferd hat einen interessanten und ungewöhnlichen Charakter.

6. *TULIP:*
Zwei Wirbel nebeneinander in der Mitte der Stirn: In etwa 70 Prozent der Fälle können solche Pferde schlecht mit Streßsituationen umgehen. Tulip ist aber wahrscheinlich die Ausnahme, die die Regel bestätigt. Ihre breiten, weitauseinanderliegenden Ohren sind ein Zeichen von Beständigkeit und verringern die Wirkung der Wirbel.

7. *AMIGO:*
Zwei Wirbel stehen übereinander zwischen den Augen: Das kann als Warnzeichen angesehen werden. Siebzig Prozent der Pferde mit diesem Muster sind übersensibel und regen sich leicht auf.

Wirbel am Körper

Das Gutachten über Wirbel, das wir in den sechziger Jahren erstellten, beinhaltete keine Untersuchung der Körperwirbel, aber es gibt eine Anzahl interessanter Meinungen darüber. Die Beduinen glaubten, daß ein Pferd mit einem Wirbel auf nur einer Körperhälfte das Unglück anzieht. Ich frage mich, ob diese Ungleichheit ein Zeichen für Unkoordiniertheit sein könnte und ob vielleicht, andersherum, Pferde mit symmetrischen Körperwirbeln leistungsfähiger sind.

Die Beduinen legten mehrere Merkmale als „Unglückszeichen" aus, und vielleicht hatte manches an diesem Aberglauben einen ganz realen Hintergrund. Als typisches „Unglückszeichen" galt beispielsweise ein weißes Abzeichen am rechten Vorderfuß. Mary Gharagozlon, die iranische Richterin und Araberzüchterin, meint, daß dieser Aberglauben vielleicht so entstanden sein könnte: Wenn die Beduinenkrieger in den Kampf zogen, hielten sie ihr Schwert oder Gewehr über der rechten Schulter. Dadurch wurde das rechte Vorderbein des Pferdes stärker belastet. Ein weißes Abzeichen am Bein bedeutet meist auch einen weißen Huf, und ein weißer Huf ist nur selten so stark wie ein schwarzer. Deshalb sind Pferde mit solchen Abzeichen, die im Kampf besonders stark belastet wurden, vielleicht weniger lang gesund geblieben.

Als ich 1979 in Israel war, versuchte ich mein Wissen der überlieferten Pferdeweisheiten der Beduinen zu vertiefen, aber leider ohne großen Erfolg. 1993 wurde ich dann von Prinzessin Alia al Hussein von Jordanien zur „Royal International Horse Show" in Amman eingeladen. Zu meiner großen Freude traf ich dort meine alte Freundin Mary Gharagozlon und dazu Peter Upton, einen Engländer, der sich nicht nur darauf spezialisiert hatte, die Alten, die sich noch auf die überlieferten Pferdeweisheiten der Beduinen verstanden, zu interviewen, sondern zu diesem Thema

„Weizenähre" oder „Abgerissener Hemdkragen"-Wirbel

auch mehrere Bücher geschrieben hatte.

Peter und Mary zufolge hatten die alten Beduinenzüchter für Pferde mit zwei Wirbeln auf der Stirn nichts übrig. Peter erinnerte sich auch daran, daß Wirbel hoch oben am Hals unerwünscht waren. Als wir darüber sprachen, was für die Beduinen „Unglückszeichen" waren, erzählte mir Mary, daß eine lange „Weizenähre", ein einziger, langer Wirbel auf der Brust, als schlechtes Zeichen angesehen wird. Sie nannten dieses Muster den „abgerissenen Hemdkragen", ein Ausdruck für ein Unglück, der sich auf die uralte Sitte bezog, sich den Hemdkragen als ein Zeichen von Trauer um den Verlust eines geliebten Menschen abzureißen.

Mary hatte ihre eigene „Unglücks"-Erfahrung mit einem Pferd mit diesem „Abgerissenen Hemdkragen"-Wirbel. Sie verliebte sich einmal in eine Stute und kaufte sie, ohne sie vorher zu reiten. Ein paar Tage später ritt sie sie zum erstenmal zu Hause. Beinahe augenblicklich verdrehte die Stute den Kopf zur Seite, buckelte und raste in vollem Tempo in die Seitenwand eines Gebäudes. Pferd und Reiter heilten ihre Verletzungen aus, und Mary entschloß sich, es noch einmal zu versuchen. Aber die Stute wiederholte das gleiche Schauspiel noch einmal, und Mary hat sie nie wieder geritten.

Kapitel 4

Übungen,
die Ihr Auge schulen

Wie auch bei jeder anderen Kunst braucht man zur Persönlichkeitsbestimmung sowohl das fachliche Wissen des Verstandes als auch das intuitive Wissen des Herzens.

Ich mache oft Charakteranalysen nach Fotografien, besonders bei der EQUITANA, der größten internationalen Pferdemesse der Welt, die alle zwei Jahre in Essen stattfindet. Es kommen so viele Leute mit ihren Fotos zu mir, daß ich mir jeden Tag einen bestimmten Zeitraum für diese Beurteilung freihalte.

Obwohl ich schon eine ganze Menge aus Kopfbildern des Pferdes erkennen kann, frage ich auch den Reiter, was von dem Pferd verlangt wird, und erkundige mich nach dem Körperbau, der Reitweise und der Reitausrüstung. Jeder dieser Faktoren ist für die endgültige Analyse wichtig.

Als erstes sehe ich mir das Pferd sowohl im Profil als auch von vorn an. Die verschiedenen Blickwinkel werden Ihnen unterschiedliche Informationen und Wahrnehmungen vermitteln, die sich schließlich zu einem Bild zusammenfügen. Entspannen Sie sich und beobachten Sie einfach, was Ihnen ins Auge springt. Höchstwahrscheinlich werden Sie feststellen, daß Sie sehr schnell einen unmittelbaren, intuitiven Eindruck bekommen.

Dieser erste Eindruck ist das Rückgrat Ihrer Analyse. Ihre anfängliche Wahrnehmung ist vielleicht, daß das Pferd besonders freundlich ist. Vielleicht sagen Sie auch zu sich selbst: Hmm, dieses Pferd scheint ein bißchen langsam zu lernen, oder Sie denken: Wenn man von diesem Pferd zuviel zu früh verlangt, wird es sich wahrscheinlich widersetzen. Bei manchen Pferden ist es vielleicht Dickköpfigkeit, die das wichtigste Charaktermerkmal zu sein scheint. Bei einem anderen Pferd ist es die Intelligenz, die sofort auffällt, die Sanftheit oder die Neugierde.

Schauen Sie sich als nächstes den Ausdruck der Augen an. Was sagen die Augen über die Einstellung des Pferdes, seine Laune, sein Wohlbefinden oder sein Unbehagen aus? Dann sehen Sie sich die Merkmale am Kopf des Pferdes an (das Profil, die Ganaschen, die Ohrenstellung, die Augenform, die Größe der Nüstern, die Länge der Maulspalte, die Stellung des Kinns, die Form des Mauls und die Wirbel). Schreiben Sie Ihre Beobachtungen auf. Manche Charakteristika werden allmählich stärker hervortreten als andere.

56 Den Charakter beurteilen

Zwei vollständig verschiedene Profilaufnahmen von Dusty. Achten Sie darauf, wie das Auge sich verändert hat.

Wenn Sie üben, werden Sie bald die auffallenderen Merkmale auf einen Blick sehen. Sie werden feststellen, daß Sie aus der spezifischen Art und Weise, wie sie zueinander in Beziehung stehen, intuitive Folgerungen ziehen. Wie das genau funktioniert, zeige ich Ihnen im Kapitel 5, „Einundzwanzig Persönlichkeitsanalysen".

Ich möchte an dieser Stelle aber noch hinzufügen, daß man sich bei einer Analyse auch täuschen kann, da die Persönlichkeit letzten Endes geheimnisvoll bleibt. Es gibt etwas Unbeschreibliches im Herzen und im Gemüt eines Pferdes, etwas, das sich unserem analytischen Denken und sogar unserem intuitiven Auge entziehen kann – ganz egal wie klug wir geworden sind –, etwas, das ich seinen Wesenskern nennen möchte.

In Fällen, in denen ich mich täuschen ließ, arbeitete ich meistens nach einem Foto, das nicht charakteristisch für das Pferd war, oder es fehlten mir Informationen darüber, wie das Pferd geritten, gehalten und gefüttert wurde. Oben sehen Sie zwei verschiedene Fotografien desselben Pferdes (Dusty). Wenn ich nun versuchen würde, den Charakter nur aufgrund dieser Fotos zu bewerten, würde ich mich täuschen. Wie das Pferd auf dem Foto wirkt, hängt sehr von den Umständen ab, unter denen es fotografiert wurde. Wenn es im grellen Sonnenlicht steht, blinzelt es vielleicht, oder es legt die Ohren zurück, weil es auf ein anderes Pferd reagiert. Deshalb frage ich immer, wenn mich jemand um eine Analyse bittet, ob die Fotografie eine gute, genaue Darstellung des Pferdes ist.

Als ich damit begann, die Fotografien der Pferdeköpfe für dieses Buch zu vergleichen, um bezeichnende Unterschiede festzustellen, fertigte ich zuerst einmal Pausezeichnungen nach den Profilen mehrerer Pferde an. Dann pauste ich die Nüstern, die Augen, die Mäuler, die Lippen und die Ohren durch. Erfreut und überraschet entdeckte ich, daß mir das Durchpausen eine ganz neue Sichtweise der vielen kleinen Details gab, die zum Schluß das Gesamtbild bestimmen.

Ich glaube, daß dieser Prozeß auch für Sie sehr nützlich und faszinierend sein könnte. Deshalb empfehle ich Ihnen, die einzelnen Komponenten – die Umrisse des Profils und der Ganaschen, des Mauls, der Lippen und der Maulpartie, der Nüstern, Augen und Ohren – entweder abzupausen oder einen Bleistift zu nehmen und sie nachzuzeichnen. Ich kann aus eigener Erfahrung sagen, daß ich durch das Abpausen die Unterschiede viel deutlicher wahrzunehmen gelernt habe. Das Abzeichnen gab mir ein klareres Gefühl für die noch feineren Nuancen der Unterschiede.

Nachdem Sie Ihr Wahrnehmungsvermögen durch das Üben an den Pferden auf diesen Seiten geschärft haben, nehmen Sie Ihren Zeichenblock, gehen Sie nach draußen und zeichnen Sie etwas nach der Natur. Sehen Sie sich Ihre eigenen Pferde an oder andere Pferde, die Ihnen begegnen. Zeichnen Sie die Komponenten jedes Kopfes, vergleichen Sie die Unterschiede, und Sie werden staunen, wieviel mehr Sie sehen und wieviel einfacher es wird, intuitiv die bildliche Sprache zu verstehen, die es einem ermöglicht, den Charakter zu deuten.

Als weitere Übung zeichnen oder pausen Sie einzelne Teile getrennt. Beachten Sie die unterschiedliche Länge, den Umriß oder die Breite, merken Sie sich Unterschiede in der Form, der Position und der Stellung. Je mehr Sie sich mit diesen Varianten beschäftigen, um so selbstverständlicher wird es werden, sie schnell zu erkennen.

Vergleichen Sie verschiedene Pferde: die Ohren etwa – den Durchmesser am Ansatz, den Abstand zwischen den Ohren, die Art, wie jedes Ohr am Kopf sitzt, die Länge und Breite und die Form der Spitze, ob die Ohrenspitzen nach innen oder nach außen weisen. Schauen Sie einmal, wie viele Unterschiede Sie feststellen können. Vergleichen Sie bei jedem Pferd sämtliche Teile des Kopfes.

Nun kommt das Profil an die Reihe: Nachdem Sie jedes der Elemente einzeln analysiert haben, ist es nun Zeit für eine Synthese. Im Profil können Sie die Gesamtform des Kopfes sehen und überprüfen, wie alle Teile zusammenpassen, wie die verschiedenen Charakteristika, die Sie bisher isoliert betrachtet haben, zueinander und zu den Hubbeln und Höckern des Pferdekopfes in Beziehung stehen.

58 Den Charakter beurteilen

Profile

Beginnen Sie Ihre Untersuchung des Profils, indem Sie ein Blatt Papier über das Foto legen, mit dem Sie arbeiten, so daß nur der Umriß des Profils sichtbar ist. Legen Sie dann die Profilfotos beiseite und wenden Sie sich den vergleichenden Fotos der Ohren, Augen, der Nüstern und des Kinns zu. Nachdem Sie Ihren Blick durch diese Betrachtungen geschärft haben, kommen Sie nun wieder auf die Profile zurück und konzentrieren sich auf den ganzen Kopf, um zu sehen, wie sich die verschiedenen Charakteristika zu einem Gesamteindruck zusammenfügen.

1

1. *Fast gerades Profil, leichte Elchnase, quadratisches Maul, große Ganaschen:*
   Verläßlich und selbstbewußt.

2. *Wölbung zwischen den Augen, leicht gerundetes Maul, kleine Ganaschen:*
   Kompliziert.

3. *„Spinnerhubbel" unterhalb der Augen:*
   Das deutet normalerweise auf „spinniges" oder unerwartetes Verhalten hin.
   Abfallende Maulpartie und mittelgroße Ganaschen:
   Durchschnittliche Intelligenz.

4. *Die Andeutung eines Hechtkopfs kombiniert mit großen Ganaschen und einem fein ausgebildeten Maul:*
   Hohe Intelligenz.

5. *Gerades Profil, große Ganaschen:*
   Selbstbewußt.

6. *Ein seltenes und extremes Gefälle der Stirn zum Genick hin. Große Ganaschen. Abfallende Maulpartie:*
   Möglicherweise widerspenstig und eigensinnig.

2

Übungen für Ihr Auge 59

3

4

5

6

60 Den Charakter beurteilen

7. *Zwischen den Augen flach, Hechtkopf, extreme Elchnase:*
Ein sensibler, intelligenter und vielschichtiger Charakter.

8. *Sehr gerades Profil, quadratisches Maul und große Ganaschen:*
Alles Merkmale von Ausgeglichenheit und Verläßlichkeit.

9. *Ein großer Höcker unterhalb der Augen, Elchnase, kleine Ganaschen, breiter Gesichtsschnitt von der Mitte des Nasenbeins zum Ganaschenrand:*
Starrsinnig. Lernt langsam. Möglicherweise schwierig.

10. *Gerades Profil mit einem kleinen Hubbel unterhalb der Augen:*
Etwas widerspenstig.
Große Ganaschen, abgesetztes, kleines Maul:
Normalerweise eigenwillig.

11. *Gerades Profil, abfallende Maulpartie:*
Kann manchmal aus der Fassung geraten.

12. *Ein langer, schmaler Kopf mit einer ungewöhnlichen und kleinen konvexen Wölbung der Nasenlinie, kombiniert mit kleinen Ganaschen*
Deutet auf mangelnde Flexibilität hin. Ein solches Pferd ist aber verläßlich, wenn es einmal die Anweisungen verstanden hat.
Schmaler Kopf und kleine Ganaschen:
Kann Probleme nur langsam lösen, was aber in Situationen, in denen das Pferd ganz seinem Reiter vertrauen muß, anstatt selbständig zu denken, von Vorteil sein kann.

7

8

Übungen für Ihr Auge

9

10

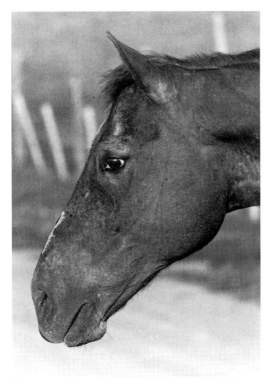

11

12

62 Den Charakter beurteilen

Ohren

1

1. *Weit voneinander angesetzte Ohren von unklarer Form, an den Spitzen noch weiter auseinander als am Ansatz:*
Verläßlich.

2. *Im Ansatz besonders weit auseinander stehend und an den Spitzen noch weiter:*
Ein sehr intelligentes und beständiges Pferd.

2

3. *Lange, schmale Ohren, steil aufgerichtet:*
Das Pferd denkt etwas langsam. Es kann auch leicht launisch sein.

4. *Abstand zwischen den Ohrenspitzen größer als an der Basis. Die Spitzen sind fein geschwungen:*
Intelligent. Verläßlich.

Übungen für Ihr Auge 63

3

4

5

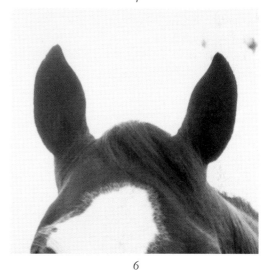

6

5. *Geschwungen und fein geformt. Weiter Abstand zwischen dem Ohrenansatz:* Ein schneller Denker. Intelligent.

6. *Weiter Abstand zwischen dem Ohransatz und den Ohrenspitzen. Schön ausgeformt:* Verläßlich.

7. *Kurz, ungewöhnlich weit auseinander, fast ein Schlappohr, was den Abstand zwischen den Spitzen betrifft:* Verläßlich, arbeitet gern mit.

7

64 Den Charakter beurteilen

Nüstern und Oberlippe

1. *Nüstern: Durchschnittliche Größe:*
   Durchschnittliche Intelligenz.
   Oberlippe: leicht gerundet:
   Durchschnittliche Intelligenz.

2. *Nüstern: Die Ränder sind gut ausgeformt.*
   Oberlippe: Abgeschwächte Herzform:
   Freundlich.

3. *Nüstern: Nach oben hin spitz zulaufend, schön geformt:*
   Denkt sehr viel nach.
   Oberlippe: Gut ausgebildet:
   Verstärkt die obigen Charakteristika.

4. *Nüstern: Groß, mit gut ausgebildeten Rändern, nach oben hin spitz zulaufend:*
   Sehr intelligent.
   Oberlippe: Auffallende Herzform:
   Ungewöhnlich neugierig und extrovertiert.

5. *Nüstern: Durchschnittlich – an der Basis so weit wie an der Spitze. Oberlippe: Flach:*
   Beide Charakteristika sind Anzeichen von durchschnittlicher Intelligenz.

6. *Nüstern: Groß, gebläht. Beachten Sie die gut ausgebildeten Ränder:*
   Sehr intelligent.

7. *Nüstern: Durchschnittlich.*
   Oberlippe: Flach:
   Durchschnittliche Intelligenz, selbständig.

8. *Nüstern: Ungewöhnlich schmal.*
   Oberlippe: Herunterhängend und entspannt:
   Denkt langsam, was vielleicht von schlechten Augen verursacht wird.

9. *Nüstern: Sehr fein geschnitten:*
   Intelligent, neugierig.
   Oberlippe: Gut geformt:
   Intelligent.

1

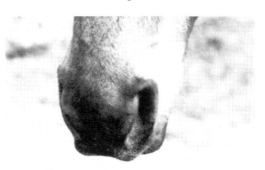

2

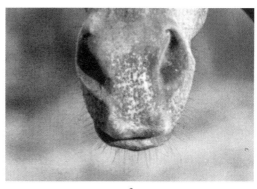

3

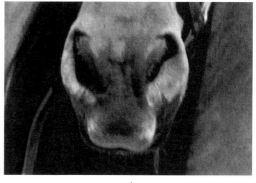

4

Übungen für Ihr Auge 65

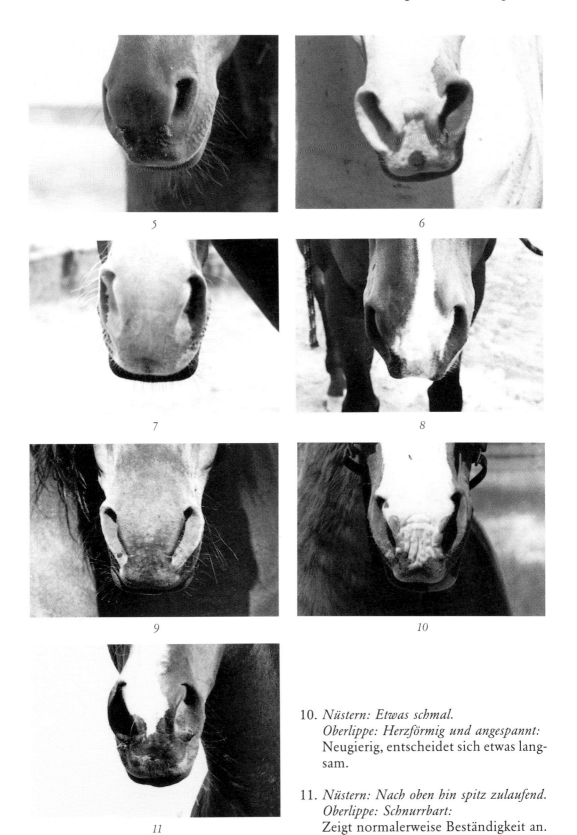

10. *Nüstern: Etwas schmal.*
    Oberlippe: Herzförmig und angespannt:
    Neugierig, entscheidet sich etwas langsam.

11. *Nüstern: Nach oben hin spitz zulaufend.*
    Oberlippe: Schnurrbart:
    Zeigt normalerweise Beständigkeit an.

66 Den Charakter beurteilen

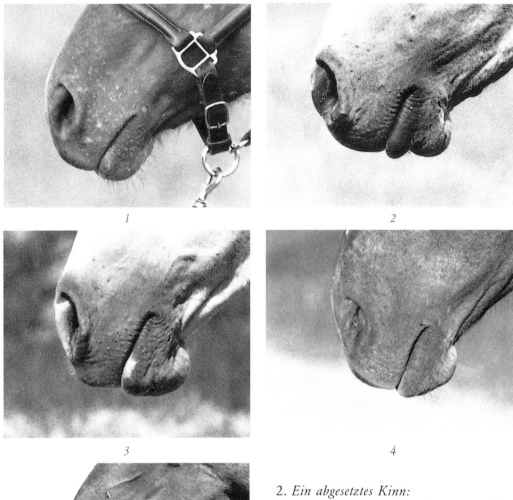

Kinnpartie

1. *Ein langes, flaches, schmales Kinn:*
   Hohe Intelligenz, die sich in Verhalten äußern kann, das oft als schwierig mißverstanden wird.

2. *Ein abgesetztes Kinn:*
   Normalerweise zeugt ein solches Kinn von vielschichtigem Charakter und Intelligenz.

3. *Kurzes, abgerundetes Kinn, breit geformt vom Maul zur Spitze:*
   Normalerweise verläßlich und nicht widersetzlich.

4. *Ein weiches Kinn von durchschnittlicher Länge und Breite:*
   Durchschnittliche Intelligenz.

5. *Ein spitzes Kinn:*
   Wenn ein Pferd mit dieser Art Kinn nervös wird oder sich aufregt, kann das Kinn hart werden. Das Pferd wird stur, und das Kinn bleibt verhärtet, bis sich das Pferd beruhigt hat.

Augen
(von vorn gesehen)

Es ist sehr schwierig, die Bedeutung der Augen in bezug auf die Bewertung der Persönlichkeit zu erkennen, wenn man sie von vorn und nicht im Zusammenhang mit den anderen Merkmalen des Kopfes sieht. Ich habe trotzdem zwei Vorderansichten von Augen zum Vergleich ins Buch genommen. Beim Betrachten von Hunderten von Pferden habe ich bemerkt, daß ein Pferd um so selbstbewußter ist, je besser man das Auge von vorn sehen kann. Wenn das Auge seitlich am Kopf sitzt, beeinträchtigt das offensichtlich seine Fähigkeit, die Welt richtig zu sehen, und kann daher sein Verhalten negativ beeinflussen. So hat das Pferd Nr. 2 Augen, die man von vorn nur schwer sehen kann. Sein Besitzer berichtet, daß es oft nicht schaut, wo es hingeht. Es macht einen unbeteiligten Eindruck und scheint sich nicht für seine Umwelt zu interessieren. Mehr Information zu diesem Pferd finden Sie auf Seite 136.

1

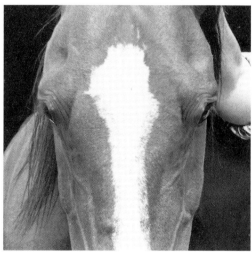

2

1. *Die Augen sind gut zu sehen:* Selbstbewußt.

2. *Die Augen sitzen seitlich am Kopf:* Das kann manchmal die Sehfähigkeit eines Pferdes beeinträchtigen.

68 Den Charakter beurteilen

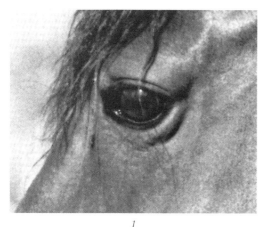

1

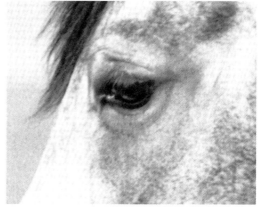

2

Augen
(von der Seite gesehen)

1. *Groß, weich und dreieckig:*
   Sehr gedankenvoll, sehr intelligent.

2. *Etwas verdeckt, mittelgroß:*
   Introvertiert.

3. *Kleines, hartes Auge:*
   Neigt zu Widersetzlichkeit.

4. *Mittelgroßes Auge:*
   Durchschnittliche Intelligenz.

5. Sehen Sie sich den Unterschied zwischen diesem Auge und den in den Fotos Nr. 1, 4 und 6 abgebildeten gut an. Obwohl das Auge horizontal ziemlich groß ist, ist es in der Vertikalen nicht sehr hoch. Es hat fast die Form eines menschlichen Auges. Sehr schwierig zu interpretieren.

6. *„Schweinsauge" (sehr klein):*
   Introvertiert, lernt langsam.

7. *Großes Auge:*
   Nach innen gekehrt und intelligent.

8. *Appaloosa-Auge (das Weiße ist zu sehen) mit dreieckigen Sorgenfalten:*
   Das Pferd möchte es einem recht machen, kommt aber manchmal nicht

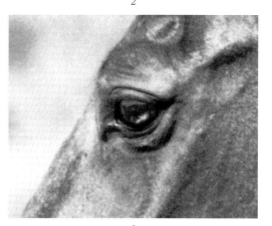

3

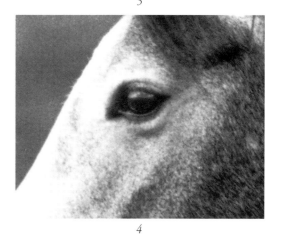

4

ganz mit. Da das Weiße um die Pupille herum ein Merkmal der Appaloosa-Rasse ist, kann es als normal betrachtet werden. Bei anderen Rassen zeugt das Weiße um das Auge von einer gewissen Wildheit.

Übungen für Ihr Auge **69**

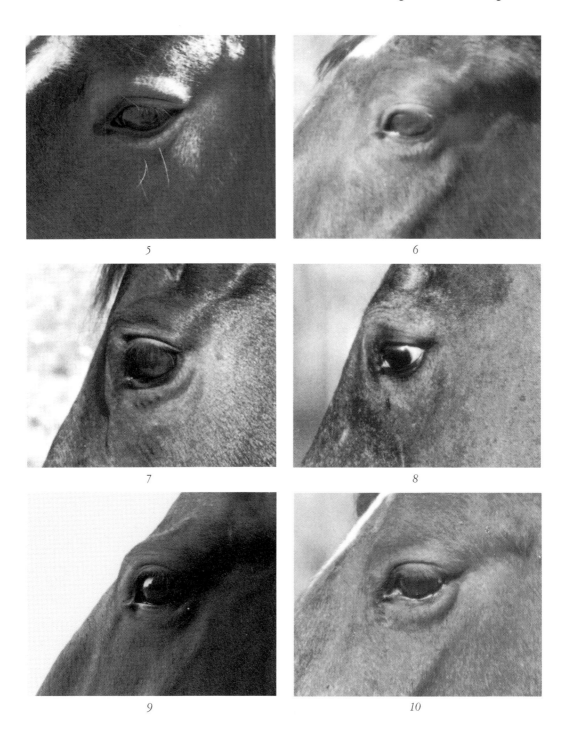

9. *Ein weiches, offenes, klares Auge:* Interessiert und voller Vertrauen und Hoffnung.

10. *Kleine, eingesunkene Augen:* Zurückgezogen, denkt langsam; vielleicht auf Schmerzen zurückzuführen.

Kapitel 5

Einundzwanzig Persönlichkeitsanalysen

Ich untersuche und beurteile Pferde nun schon seit 30 Jahren, aber als ich die Fotos für dieses Buch vorbereitete und begann, mich mit den Details und Vergleichen zu beschäftigen, war ich erstaunt, daß ich durch den intensiven Vergleich der Fotos noch weitere Einzelheiten bemerkte. Die meisten Menschen „sehen" die Gesichter ihrer Pferde nicht, weil sie einfach nicht daran gewöhnt sind, feine Unterschiede wahrzunehmen.

Menschen, die selbst nie Hühner, Kühe oder Ziegen hatten, denken, daß sie alle ziemlich gleich aussehen, aber wenn man auf einem Bauernhof aufwächst, lernt man, jedes Tier als ein Individuum zu begreifen. Selbst diese Erkenntnis ist jedoch instinktiv – und Sie haben kein wirkliches, bewußtes Verständnis für die Individualität jedes Lebewesens, bis Sie sich darüber im klaren sind, was Sie eigentlich anschauen und was für Unterschiede es gibt.

Dieses Kapitel soll Ihre Fähigkeit entwickeln, einen Pferdekopf zu „sehen", Ihnen helfen, die Merkmale der Persönlichkeit, die durch jedes einzelne Element ausgedrückt werden, zu deuten und dann alle diese Beobachtungen in einer sinnvollen Bewertung zusammenzufassen. Ich hoffe, daß Sie am Ende dieses Kapitels selbst verblüfft sein werden, was Sie alles sehen, wenn Sie Ihre neuen Fähigkeiten anwenden. Außerdem werden Sie wahrscheinlich feststellen, daß sich Ihr visuelles Wahrnehmungsvermögen auch bezüglich Ihrer ganzen Umgebung geschärft hat und das einfache „Hinschauen" eine ganz neue und wunderbare Dimension hinzugewonnen hat.

Abby

ABBY
Zehnjährige Appaloosa-Stute

Ich fand Abby ausgesprochen faszinierend. Beachten Sie im Profil den extremen „Spinnerhubbel", die eher kleinen Augen, den langen Kopf, die ziemlich kleinen Ganaschen, die großen Nüstern, das ausgesprochen flache Kinn und die lange Maulspalte – eine ganze Menge potentieller Schwierigkeiten.

Der auffällige „Spinnerhubbel" deutet auf ein Pferd hin, das völlig unerwartet sonderbares, widerspenstiges Verhalten zeigt. Das kleine Auge läßt im allgemeinen auf nicht allzu kooperatives Verhalten schließen. Die großen Nüstern sind ein Zeichen für ein Pferd, dem viele Gedanken durch den Kopf gehen, in Kombination mit dem kleinen Auge oft wohl nicht unbedingt in Übereinstimmung mit denen des Reiters. Die lange Maulspalte mit dem langen, flachen, schmalen Kinn ist ein Merkmal für sehr viel Intelligenz. Wenn Sie all das zusammenfassen, haben Sie einen sehr vielschichtigen Charakter vor sich.

Das Bild wird noch komplizierter, wenn Sie nun auch noch die Informationen aus der Vorderansicht hinzufügen. Sehen Sie sich die extreme Herzform der Oberlippe (Freundlichkeit) an. Die Art und Weise, wie die Außenseiten der Lippen nach unten überstehen, ist normalerweise ein Zeichen großer Neugier. Obwohl Abbys Augen klein sind, haben sie einen sanften Ausdruck, und die nach oben spitz zulaufenden Nüstern unterstreichen ihre Intelligenz. Diese Nüstern zeigen, daß sie einen fairen und selbstsicheren Reiter braucht, um willig mitzuarbeiten. Ihre Ohren sind breit, hübsch geformt und stehen ziemlich weit auseinander (Beständigkeit).

Abbys Besitzer liebt sie innig. Er gebraucht nur positive Worte, um sie zu beschreiben: „willig, ein gutes Arbeitspferd, hervorragend im Gelände, viel *Cow sense*, angenehm im Umgang."

Abbys Mischung von charakteristischen Merkmalen macht sie zu einem Pferd, das entweder eine Plage oder ein Schatz sein kann. Dem Bericht ihres Besitzers zufolge gehört sie ganz klar in die zweite Kategorie. Was hat da nun den

Bijou

Ausschlag gegeben? Ich schätze, daß bei einem Vergleich von „Naturell gegen liebevolle Zuwendung" die liebevolle Zuwendung hier der ausschlaggebende Faktor war. Derjenige, der Abbys Ausbildung begann, mochte sie wohl wirklich und schätzte all ihre guten und außergewöhnlichen Fähigkeiten, was die negativen Aspekte ihres Charakters verwandelte. Meiner Erfahrung nach werden Pferde mit einer Kombination aus manchen oder all diesen Charakteristika zu richtigen Kämpfern, wenn sie unterjocht, hart angefaßt oder als junge Pferde ausgenützt werden. Ich glaube, daß in Abbys Fall die guten Eigenschaften in ihrer Persönlichkeit deshalb überwogen, weil sie auch am meisten gefördert wurden.

BIJOU
Zehnjähriger Quarter Horse-Wallach

Er sieht aus wie eine „Lebensversicherung", ein Juwel von einem Pferd, nur darauf bedacht, alles, was von ihm verlangt wird, zu versuchen und seine Aufgaben sicher und willig auszuführen. Er ist ein talentiertes, gutmütiges Pferd für große Vielseitigkeitsprüfungen, mit dem seine Besitzerin Jane Reed dreimal pro Woche Unterricht nimmt und sagt, daß er wunderbar auf sie achtgibt.

Was auf den ersten Blick bei beiden Ansichten auffällt, sind Bijous gerades Profil und die gerade Fläche zwischen den Augen, ein Zeichen großer Beständigkeit. Das Kinn ist von mittlerer Dicke, entspannt, mit ungefähr einem 45-Grad-Winkel von der Spitze des Kinns zur Unterlippe. Alle diese Merkmale sind Zeichen eines beständigen, kooperativen Wesens.

Von der Seite können Sie erkennen, daß seine Augen einen interessierten und ruhigen Ausdruck haben. Von vorn sehen Sie, daß seine Nüstern groß und offen sind, Zeichen eines neugierigen Pferdes. Neugier spricht auch aus der Einbuchtung der Oberlippe. Wenn Sie seine breiten, wohlgeformten Ohren betrachten, können Sie auch daran sehen, daß dieses Pferd ein guter Denker und eine beständige Persönlichkeit ist.

74 Charakter beurteilen

Amigo

AMIGO
14jähriger Quarter Horse-Wallach

Auf den meisten Fotografien von Amigo hält er den Kopf sehr hoch, weil er sich allen Versuchen, ihn zu senken, widersetzte und überhaupt versuchte, sich der gesamten Fotoarbeit zu entziehen.

Das erste, was mir von der Seite her auffiel, war sein ziemlich länglicher Kopf mit einem hoch angesetzten Auge. Als nächstes bemerkte ich den Hubbel im Profil gerade beim Auge. Dann wandte ich meine Aufmerksamkeit den Lippen und dem Kinn zu – auf jedem der verschiedenen Fotos war seine Oberlippe vorstehend und das Kinn zusammengezogen. Da das nicht von einem wirklichen Überbiß herrührt (seine Zähne stehen richtig), deutete ich dieses Merkmal als einen Ausdruck von Besorgnis.

Soweit hatte ich den Eindruck gewonnen, daß Amigo seiner Umgebung nicht vertraute, wenig flexibel war und die Arbeit mit ihm eine Menge Geduld erfordern würde.

Die Vorderansicht zeigte mir einen anderen Aspekt der Persönlichkeit dieses Pferdes: ein sanftes Auge (wenn der Kopf gesenkt war) mit einem interessierten, direkten Blick, hübsche, große Nüstern, eine entspannte Oberlippe, Ohren mit breiter Basis, die an den Spitzen noch weiter auseinander stehen – alles Zeichen einer kooperativen Persönlichkeit. Sie könnten sich in diesem Pferd täuschen, wenn Sie keinen Zugang zur Seitenansicht hätten, außer wenn Sie feststellen, daß er zwischen den Augen zwei Wirbel hat, woraus Sie schließen können, daß er vielleicht zu Überreaktionen neigt.

Vom Gesamteindruck her konnte ich sehen, daß Amigo ein schwieriges Individuum war. Diese Aussage wurde von Jane Reed, die Amigo für dieses Buch fotografiert hatte, bestätigt. Sie berichtete von ihren Schwierigkeiten beim Fotografieren und erzählte, wie Ann Wells, seine Besitzerin und Reiterin, ihn beschrieb: „Er ist verrückt! Jedesmal wenn man versucht, seinen Kopf zu berühren oder ihn einzufangen, wirft er den Kopf hin und her. Er buckelt, wenn man etwas von ihm verlangt, das er nicht tun will, ist unberechenbar und stur. Wenn man ihm eine Spritze

21 Persönlichkeitsanalysen

Blaze

gibt, seine Stirnlocke schneidet, ihn entwurmt oder mit Fliegenmittel einsprüht, dreht er völlig durch."

Trotz seines schwierigen Verhaltens zeigt Amigo Ann gegenüber eine gewisse Anhänglichkeit. Er läuft ihr auf der Weide nach, und sie ist auch die einzige, die ihn einfangen kann. Meine intuitive Schlußfolgerung ist, daß Amigo, wenn er die Möglichkeit hat, durch die TTEAM-Arbeit Selbstvertrauen zu gewinnen, auch Vertrauen zu seinem Reiter entwickeln könnte. Das würde seine Vorzüge – die Qualitäten, die ich im Foto der Vorderansicht erkennen konnte – herausbringen und seine Persönlichkeit völlig verändern.

BLAZE
Neunjähriger Wallach, eine Kreuzung aus Appaloosa und Vollblut

Von vorn betrachtet war mein erster Eindruck von Blaze der, daß seine Ohren an den Spitzen um einiges weiter auseinanderstehen als an der Basis. Außerdem sind sie ziemlich breit und gut ausgebildet – zwei Zeichen von Beständigkeit und gleichbleibender Leistung.

Beim näheren Hinschauen fand ich die Ohren sogar noch bemerkenswerter als auf den ersten Blick – der Ansatz ist etwa 2$^{1}/_{2}$ Zentimeter lang, viel länger als normal. Erst dann nimmt das Ohr seine eigentliche Form an. Man kann im allgemeinen erwarten, daß man bei einem Pferd mit einem so bezeichnenden und ungewöhnlichen Merkmal auch in der Persönlichkeit einen gleichermaßen ungewöhnlichen und unerwarteten Wesenszug findet.

Wenn man dazu noch den einzelnen Wirbel zwischen den Augen und die mittelgroßen, gut geformten und ausgebildeten Nüstern in Betracht zieht (er denkt weder zu schnell noch zu langsam), würde man logischerweise annehmen, daß man hier ein Pferd mit einer einfachen, kooperativen Persönlichkeit vor sich hat.

Sieht man sich allerdings das Pferd von der Seite an, wird alles etwas komplizier-

76 Charakter beurteilen

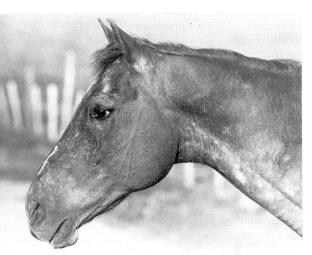

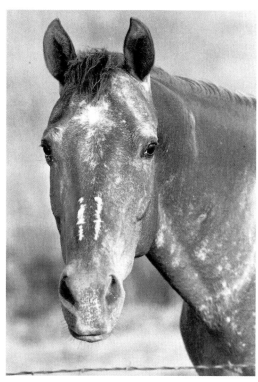

Geronimo

ter. Richtig, die Ganaschen sind groß (was Intelligenz zeigt), und der Kopf verjüngt sich bis zu einem fast quadratisch geformten Maul (was normalerweise Beständigkeit bedeutet). Das Auge aber ist klein, und über dem Auge ist die Stirn gerundet und fällt nach hinten ab, als ob die Ohren etwas weit hinten am Kopf sitzen würden, ein Merkmal, das auf Konzentrationsschwierigkeiten schließen läßt. Blaze hat eine ziemlich dicke Oberlippe, was auf einen Mangel an Neugier hindeutet, obwohl die Augen weit auseinander liegen. Aufgrund dieser Unstimmigkeiten sehe ich mir noch einmal die Vorderansicht an. Mir fällt auf, daß sein Hals etwas fest aussieht, als ob es ihm schwerfiele, ihn zu biegen. Ich vermute, daß er in einem Rahmen geritten wird, der für ihn aufgrund seines Körperbaus ungünstig ist. Addiert man das daraus resultierende körperliche Unbehagen zu den Charaktermerkmalen des kleinen Auges und der gerundeten Stirn, ist das Ergebnis ein widersetzliches Pferd, obwohl sein gerader Nasenrücken und die großen Ganaschen auf ein einfaches und kooperatives Wesen schließen lassen.

Im Gespräch mit seinem Besitzer stellte sich heraus, daß Blaze tatsächlich als Dressurpferd ausgebildet wurde und als unkooperativ und schwierig zu reiten galt. Ich wies darauf hin, daß das Pferd aufgrund seines Gebäudes Schwierigkeiten mit der Versammlung haben könne und es vielleicht für Pferd und Reiter angenehmer wäre, wenn er einfach als Freizeitpferd geritten würde und sich sein Besitzer ein Pferd suchte, das sich besser zum Dressurreiten eignet.

GERONIMO
Siebzehnjähriger Appaloosa-Wallach

Geronimo hat schon viel erlebt. Er hat viele glückliche Menschen auf seinem Rücken getragen und hat vom „Barrel racing" im Pony Club bis hin zum Kühehüten so ziemlich alles gemacht. Nun ist er der Kamerad und „Babysitter" eines siebenjährigen Mädchens.

Alles an Geronimos Kopf zeigt, wie verläßlich dieses Pferd ist – das gerade Profil, die großzügigen Ganaschen, das klar geschnittene Gesicht, die weit ausein-

21 Persönlichkeitsanalysen 77

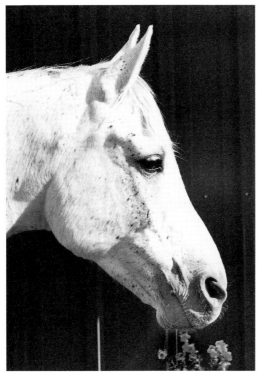

Cymon

anderstehenden, breiten Ohren, die an den Spitzen noch etwas weiter auseinander stehen als am Ansatz, der einzelne Wirbel, die wunderschön ausgeformten Nüstern, das weiche Kinn und sein vertrauensvolles, schönes Auge.

Geronimos Persönlichkeit ist so klar und wertvoll wie ein Diamant.

CYMON
Zehnjähriger Araberwallach

Cymon wurde für 250 Dollar und ein paar Ohrringe erstanden. Er hatte eine sehr gute Abstammung: ein Enkel des Bask, des legendären polnischen Vererbers, der viele Championatspferde gezeugt hat. Aber damals gab es eben sehr viele solcher Fohlen.

Im ersten Jahr war Cymon noch zu jung, um geritten zu werden. Er trabte täglich neben seiner Besitzerin, einer Marathonläuferin, auf ihrer Rennstrecke durch die umgebenden Berge her. Diese frühe Arbeit hat wahrscheinlich dazu beigetragen, daß er ein großer Sportler wurde und sich eine wunderbare Freundschaft zwischen ihm und seiner Besitzerin entwickelte. Sie sagt, daß seine unglaubliche Neugier ihm schon den Spitznamen „Sherlock Holmes" eingebracht hat. Anscheinend spielt Cymon gern den Boß, aber im Grunde seines Herzens ist er sehr kooperativ.

Als erstes springen mir in diesen Fotos Cymons Hechtkopf und die leichte Elchnase ins Auge. Sie deuten auf eine Kombination von Sensibilität, Mut und Intelligenz hin. Bei einem Araber zeugt diese Kombination von besonders viel Charakter. Beachten Sie auch die quadratischen Nüstern und das spitz zulaufende Kinn. Daraus kann man schließen, daß dieses Pferd viel nachdenkt und manchmal Verspannungen im Kinn sichtbar werden.

Seine breiten Ohren zeugen von Vertrauenswürdigkeit und Beständigkeit. Interessanterweise kann man von vorn ungewöhnlich viel Auge sehen, was auf viel Selbstvertrauen schließen läßt.

Cannonball

CANNONBALL
Neunjähriger Holsteiner Wallach

Das Springpferd Cannonball startete 1992 für die Vereinigten Staaten bei den Olympischen Spielen in Barcelona unter der Spitzenreiterin Ann Kursinski. Ich bin nicht oft auf den ersten Blick zutiefst von der Persönlichkeit eines Pferdes beeindruckt, aber als ich dieses Pferd vor einigen Jahren in Florida zum erstenmal sah, sagte ich: „Uiiii, das ist einmal eine Pferdepersönlichkeit!"

Sein ungewöhnlicher Kopf und die Nase, sein langgeschwungenes, sehr gerades Profil und der sowohl von vorn als auch von der Seite gesehen stark hervortretende Nasenknochen machten mir sofort klar, daß ich es hier mit einem Pferd von sehr starker, charismatischer Persönlichkeit zu tun hatte. Hier sehen Sie ein Pferd, das alles für einen Reiter tun würde, den es mag, das aber ausgesprochen schwierig sein wird, wenn der Reiter versucht, es zu dominieren anstatt partnerschaftlich mit ihm zu arbeiten.

Er hat ein großes, rundes Auge, große Ganaschen und einen ungewöhnlich langen Abstand vom Rand der Ganaschen zum Maul, was auf eine starke Persönlichkeit mit viel Intelligenz schließen läßt.

Seine Nüstern sind groß und gut ausgebildet, seine Maulspalte ist lang und das Kinn eher flach und schmal geformt, was ebenfalls ein ungewöhnliches Maß von Intelligenz zeigt. Solche Pferde können sehr schwierig im Umgang sein, wenn der Reiter ihre hohe Intelligenz nicht zu schätzen weiß, aber sie können wahre „Wunderpferde" für jemanden sein, der es versteht, ihr Potential zu nutzen.

Was mir von vorn gleich auffiel, waren Cannonballs lange, schmale Ohren (vergleichen Sie sie einmal mit denen von Tulip). Sie stehen etwas nah zusammen und sind gerade nach oben gerichtet, was auf ein Pferd hinweist, das unter Umständen sehr schwierig werden kann. Wäre Cannonball nicht so intelligent, könnte man diese Ohren als Zeichen für ein fast unmöglich launisches Pferd sehen.

Beachten Sie noch einmal, wie lang auf dem Foto der Vorderansicht der Kopf vom Auge bis zum Ende der Nüstern ist, und achten Sie auf den eigenartig hervorste-

21 Persönlichkeitsanalysen 79

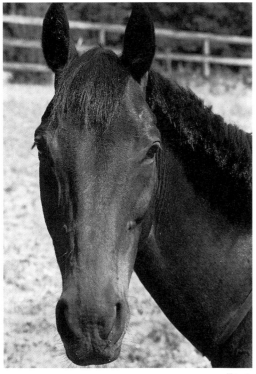

Dusty

henden Nasenrücken. Seine Lippen und das herzförmige Maul zeigen Cannonballs sanfte Veranlagung, seine großen, offenen Nüstern noch einmal seine Intelligenz.

DUSTY
Siebzehnjähriger Vollblutwallach

Dusty war sehr erfolgreich im Pony Club, aber als er verkauft und für eine höhere Dressurklasse ausgebildet wurde, hatte sein Besitzer mit ihm Schwierigkeiten.

Das wohl ungewöhnlichste Charaktermerkmal Dustys ist, glaube ich, sein langer, schmaler Kopf. Kombiniert mit seinem runden, freundlichen Auge deutet diese Länge, besonders von den Ganaschen nach unten, auf eine Sensibilität hin, die ihn ungewöhnlich einfühlsam machen könnte. Wenn man aber das Maul anschaut, sieht man, daß es zur Oberlippe hin abfällt, woraus man schließen kann, daß er dazu neigt, neue Reiter zu testen.

Seine sehr schmalen Nüstern deuten darauf hin, daß es ihm schwerfällt zu verstehen, was von ihm verlangt wird. Die sehr schmalen, geraden und relativ wenig ausgeformten Ohren zeugen von einem hitzigen Naturell.

Zusammengenommen weisen diese Merkmale auf ein Pferd hin, das alles tut, um seinem Reiter zu helfen, wenn es ihm vertraut. Falls es ihm aber nicht vertraut, kann es heftig werden und seinen Reiter auf die Probe stellen.

Dusty braucht einen ganz besonderen Reiter, jemanden, mit dem er eine gute Beziehung aufbauen kann. Er hat eine bemerkenswerte Fähigkeit, sich um seinen Reiter zu kümmern.

Von vorn sieht es so aus, als ob Dusty einen Hirschhals haben könnte. In diesem Fall würde das Gebäude seine Leistungsfähigkeit einschränken. Sein abfallendes Maul und die hoch am Kopf liegenden Augen deuten auf einen gewissen Starrsinn hin. Die kleinen Hautfalten unter seinem Kinn lassen auf einen komplexen Charakter schließen.

80 Charakter beurteilen

Fax

FAX
Dreizehnjähriger Quarter Horse-Wallach

Bis er neun Jahr alt war, ging Fax im Gelände und trug bei Hirschjagden die erlegten Hirsche aus den Bergen herunter. Dann begann man ihn für Turniere zu trainieren, und er gewann verschiedene „Novice"-Disziplinen im Westernreiten.

Er ist genau die Art Pferd, die ich für einen unerfahrenen erwachsenen Reiter aussuchen würde, ein Pferd, das freundlich ist, sich um seinen Reiter kümmert und zu einem verläßlichen Kameraden wird, an den man sich gern erinnert.

Er hat einen hübschen, typischen Quarter Horse-Kopf. Beachten Sie die Kürze seines Kopfes, das große, sehr weiche Auge, die riesigen Ganaschen und das quadratische Maul, alles Merkmale, die auf einen selbstsicheren, beständigen, sicheren und kooperativen Charakter schließen lassen. Seine Augen blicken interessiert, voll Selbstvertrauen und kontaktsuchend. Er hat eine Maulspalte von mittlerer Länge, was auf unkomplizierte Beständigkeit hindeutet. Die sehr großen Nüstern zeugen von hoher Intelligenz.

Von der Seite können Sie sehen, daß

Fax einen sehr kleinen Spinnerhubbel auf dem Nasenbein hat und die Andeutung einer Elchnase, Proportionen, die ihm eine interessante Persönlichkeit verleihen. Wenn diese Charakteristika deutlicher und dominanter wären, könnten sie „Probleme" bedeuten, aber wenn Sie den Kopf als Ganzes betrachten, werden Sie sehen, daß die anderen Merkmale überwiegen.

So entwickeln Sie durch das Anschauen von Pferden die Fähigkeit zu sehen, welche Merkmale andere ausgleichen oder überlagern. In diesem Fall sah ich nicht gleich den Spinnerhubbel und die Elchnase, sondern das dominante, große Auge, die großen Ganaschen und das quadratische Maul. Hätte ich mich besonders auf den Spinnerhubbel und die Elchnase konzentriert, hätte ich ganz falsch gelegen.

Von vorn ist der Eindruck der Beständigkeit dieses Pferdes noch betont – seine Ohren sind mittellang, stehen am Ansatz gut auseinander und an den Spitzen noch weiter. Das Ohr selbst ist ebenfalls weit geschnitten.

Sein Besitzer sagt, daß Fax praktisch unter jedem Reiter gut geht. Sein Kopf verrät mir, warum.

21 Persönlichkeitsanalysen **81**

Jester

JESTER
Elfjähriger Morgan-Wallach

Dieses Pferd ist sehr unbeständig und komplex. Einerseits hat Jester einen leichten Hechtkopf, was darauf schließen läßt, daß er unter dem Reiter ängstlich sein kann und leicht vor alltäglichen Dingen scheut. Andererseits deutet der Hubbel auf der Elchnase, oft Zeichen eines starken Charakters oder eines „Herdenchef"-Typs, darauf hin, daß er anmaßend sein kann, andere Pferde auf der Weide dominiert und höchstwahrscheinlich eine Herausforderung für seinen Reiter ist.

Vergleichen Sie die Maulpartie von Jester und Winner (siehe Seite 86): Bei Winner ist das Maul ziemlich quadratisch, bei Jester fällt es unter der Elchnase etwas mehr ab, was auf ein Pferd schließen läßt, das dazu neigt, einen neuen Reiter zu testen. Beachten Sie auch, daß Jesters Unterlippe verglichen mit der von Winner sich deutlicher vom Kinn absetzt. Die abgesetzte Lippen- und Kinnform deutet oft auf einen komplizierten Charakter hin.

Jesters große Ganaschen zeugen von einem ziemlich rücksichtsvollen Charakter, und von vorn gesehen zeigt sein Auge einen Ausdruck von intelligentem Interesse. Von der Seite werden Sie aber feststellen, daß er auch dazu imstande ist, einfach durch einen hindurchzusehen.

Jester ist sicherlich sehr kompliziert und interessant. Er könnte wegen dieser Charakteristika ein potentiell schwieriges Pferd sein. Seine breiten Ohren haben, zum Glück für alle Beteiligten, einen stabilisierenden Einfluß.

Jesters Besitzerin Jodi Frediani sagt, daß es unter dem Sattel oft sein erster Impuls ist, vor etwas, das ihm Angst macht, zu scheuen oder durchzugehen, ein typisches Verhalten für ein Pferd mit einem Hechtkopf. Aber ehe er diesem Impuls tatsächlich folgt, hält er häufig inne und untersucht den Grund seiner Angst, ein Verhalten, das den Mut und die Intelligenz, die sich in seiner Elchnase und den großen Ganaschen zeigen, widerspiegelt.

Kennebec Leia

KENNEBEC LEIA
Vierzehnjährige Morgan-Stute

Diese hübsche Stute ist so bezaubernd, daß sie eigentlich den Namen „Charisma" verdient hätte. Wenn ich sie anschaue, fällt es mir sehr leicht zu glauben, daß Pferde denken können. Alle Merkmale ihres Kopfes zeugen von einem starken Interesse an ihrer Umwelt.

Beachten Sie die extrem großen Ganaschen und das sanfte Auge, Merkmale von ungewöhnlicher Intelligenz, die feinen Ohren und die schöne Ausformung ihrer Nüstern und Oberlippe, die ebenfalls Zeichen eines klugen, neugierigen, schnell denkenden und extrovertierten Wesens sind. Ihr Verstand könnte sie eigenwillig machen, aber sie arbeitet gern mit, wenn sie wie das intelligente Wesen behandelt wird, das sie ist.

Laut Leias Besitzerin war sie ein hervorragende Zuchtstute und hat sogar verwaiste Fohlen adoptiert. Als richtige „Matriarchin" ist Leia immer die Leitstute und bekannt dafür, daß sie Tore geöffnet und die ganze Herde auf einen Ausflug geführt hat. Trotz ihrer Unabhängigkeit ist sie leicht auszubilden und nahm erfolgreich an Dressurprüfungen und verschiedenen Fahrdisziplinen teil. Einmal hatte sich ihr Fahrer zwar verfahren, aber sie erhielt am Ende der Prüfung stehenden Beifall, einfach weil sie solch eine Augenweide ist.

Als Mensch wäre Leia wahrscheinlich ein Filmstar geworden!

NIGHTSHADE
Sechsjährige Stute aus der Kreuzung zwischen einer Morgan-Stute mit eventuell einem Appaloosa oder Quarter Horse

Als ich mir das Profil von Nightshade ansah, reagierte ich darauf intuitiv mit regelrechter Trauer. O je, dachte ich, armes Pferd – armer Besitzer!

Nightshade hat eine enorme Wölbung unter den Augen, einen Ramskopf und kleine Schweinsaugen, drei Hinweise auf langsames Lernen. Solche Pferde werden normalerweise völlig falsch verstanden und falsch beurteilt, weil man sie für widersetzlich hält, obwohl sie tatsächlich Schwierigkeiten haben, die Anweisungen

21 Persönlichkeitsanalysen **83**

Nightshade

Dieser Eindruck war aber eher eine intuitive Empfindung als eine tatsächliche Beobachtung. Mein Gefühl wäre vielleicht falsch gewesen, wenn das Profil etwas anderes gezeigt hätte, aber tatsächlich verstärkt das Profil meinen ersten Eindruck. Daraus sehen Sie, daß Sie wirklich die Vorder- und die Seitenansicht brauchen, wenn Sie mit Fotografien arbeiten, um sich nicht täuschen zu lassen.

Nightshades Geschichte ist traurig. Sie wurde schließlich auf einer Auktion verkauft und wahrscheinlich getötet, was für sie, angesichts ihrer enormen Schwierigkeiten, vielleicht besser war. Ihr Besitzer schilderte sie als feindselig, aggressiv und dominant, ein Pferd, das unter dem Reiter nach anderen Pferden ausschlug, auf der Weide aggressiv war und den Reiter ständig auf die Probe stellte.

Dies ist der typische Fall einer unpassenden Kombination von Pferd und Reiter. Sie wurde für einen Pony Club gekauft und war nicht nur viel zu schwierig für die Reitkinder, sondern auch tatsächlich gefährlich. Es gibt nicht viele Menschen, die das Interesse, das Können und die Zeit haben, mit einem Pferd zu arbeiten, das ich für geistig schwerstbehindert hielt. Im Grunde meines Herzens glaube ich, daß sie im „Pferdehimmel" besser dran ist.

zu verstehen. Anstatt ein solches Pferd wie ein Kind mit Lernbehinderungen zu betrachten, neigen wir dazu anzunehmen, daß sich das Pferd absichtlich widerspenstig verhält, und bestrafen es dafür.

Von vorn zeigt Nightshade einen breiten Nasenrücken, oft ein Zeichen von geringer Flexibilität. Auf allen Bildern wirkten ihre Ohren ungleich hoch und voneinander verschieden, etwas, das ich vorher noch nie gesehen hatte. Ich weiß zwar nicht, was das bedeuten könnte, aber trotzdem ist es interessant, davon Notiz zu nehmen. Zuerst dachte ich, es läge vielleicht an dem Winkel, von dem aus die Fotografien aufgenommen wurden, aber offensichtlich sind die Fotos genaue Darstellungen. Möglicherweise wurden ihre Ohren einmal durch einen falsch angesetzten Knebel verletzt.

Etwas an ihrem „verschleierten" Blick wirkt so, als ob sie womöglich mit dem Fotografen gern Kontakt aufgenommen hätte, wegen ihrer schlechten Augen aber vielleicht mißtrauisch geworden wäre.

84 Charakter beurteilen

Ohlone

OHLONE
Zehnjähriges Pony, ³/₄ Shetlandpony und ¹/₄ Quarter Horse

Das erste, was ich beim Betrachten der Fotos dieses Ponys dachte, war: Was für ein ungeheuer schlaues Pferd, was für ein ungewöhnlicher kleiner Kerl. Sehen Sie sich an, wie weit die Ohren sowohl an den Spitzen als auch am Ansatz auseinanderstehen. Beachten Sie auch, daß die Nüstern groß, offen und nach oben hin sehr rund sind. Dieses kleine Pferd ist hellwach! Betrachten Sie den eher senkrechten als parallelen Winkel, in dem die Nüstern von der Seite gesehen zur Maullinie stehen – etwas, das ich noch nie gesehen habe und nur als ungewöhnlich bezeichnen kann. Diese Charakteristik mag keine Bedeutung haben und vielleicht einfach zeigen, wie einzigartig der kleine Kerl ist. Ich würde seine Intelligenz aufgrund der Kombination der Merkmale von Ohren und Nüstern als überdurchschnittlich hoch bewerten. Ohlone ist meiner Meinung nach ein Pferd, das sehr viel denkt.

Beachten Sie von der Seite gesehen sein mandelförmiges Auge. Diese Art Auge deutet oft auf eine innere Sanftheit hin, die bewirkt, daß ein Pferd nicht nur freundlich ist und gern mitarbeitet, sondern auch charakterlich einmalig ist. Vergleichen Sie zur Übung diesen Kopf mit dem von Blaze und Winner.

Er hat das ausgesprochen ungewöhnliche Kennzeichen von fünf Wirbeln im Gesicht. Als ob das nicht schon bezeichnend genug wäre, sind die beiden Wirbel, die nebeneinander stehen, mehr oder weniger normal, aber der oben rechts ist ziemlich lang, fast 4 Zentimeter.

Bei einem Hengst bedeuten sogar drei Wirbel normalerweise schon Unberechenbarkeit. Da Ohlone aber ein Wallach ist, kann man von seinen Wirbelmustern zusammen mit allen anderen Charakteristika auf eine faszinierende Persönlichkeit mit einem Sortiment von überdurchschnittlichen Reaktionen auf seine Umgebung schließen. Seinem Besitzer zufolge ist er mehr Mensch als Pferd!

Es ist besonders wichtig, ein Tier mit

Savannah Wind

einem so ungewöhnlich komplexen Charakter wie Ohlone als Individuum zu betrachten, nicht nur als irgendein Pony. Viele Leute neigen dazu, Ponys aufgrund ihrer Größe einfach herumzuschubsen. Im Kopf dieses kleinen Pferdes geht aber so viel vor, daß man mit Sicherheit auf Widerstand stößt, wenn man versucht, es zu dominieren, ohne seine Individualität zu respektieren. Wenn man es respektiert, ist ein Pferd wie Ohlone eine Freude.

SAVANNAH WIND
Anglo-Araberstute, im Alter von fünf Wochen und zwei Jahren abgebildet.

Schon im Alter von fünf Wochen können Sie sehen, wie wundervoll intelligent dieses Fohlen ist. Sie ist so „helle" wie nur irgendeine. Ihre schönen, mandelförmigen Augen sind tief am Kopf angesetzt, der Abstand vom hervortretenden Wangenknochen bis zum Maul ist groß, das Maul selbst lang. Ihre Ohren sind so zart geschwungen wie die Blütenblätter einer Tulpe, alles Anzeichen hoher Intelligenz.

Sie können sehen, daß sie sich als Zweijährige den ruhigen und sehr intelligenten Gesichtsausdruck bewahrt hat. Ihre Ganaschen haben sich mehr ausgeprägt. Beachten Sie auch den fast unmerklichen Hechtkopf mit der leichten Elchnase.

Die Ohren zeugen mit ihrer ungewöhnlichen Breite in der Mitte von einem ausgesprochen beständigen und verläßlichen Charakter. Achten Sie auch auf den ausgeprägten einzelnen Wirbel direkt zwischen den Augen, wieder ein Zeichen für ein höchst beständiges Individuum.

Alles deutet darauf hin, daß die Stute sich zu einem wundervollen Pferd entwickelt, ihre Sensibilität, Intelligenz und Beständigkeit halten sich die Waage. Ihr Besitzer berichtet, daß sie gern lernt und immer gefallen möchte. Aufgrund ihrer Intelligenz hat sie ihre eigene Meinung, aber sie hat ein vertrauensvolles, liebenswürdiges und kooperatives Wesen.

Winner

WINNER
Siebzehnjähriger Morgan-Wallach

Winners Kopf ist ein perfektes Beispiel für ein unkompliziertes, kooperatives Pferd. Von der Seite: Beachten Sie das gerade Profil, ein Zeichen von Beständigkeit, das sehr quadratische Maul, das wiederum ein Kennzeichen von Beständigkeit ist, die Weichheit des Kinns und die Offenheit der mittelgroßen Nüstern, die auf ein kooperatives, verträgliches Naturell hinweisen. Achten Sie auch auf den sanften Augenausdruck.

Ein sehr ehrlicher Kopf – beachten Sie, wie er uns von vorn gesehen direkt anschaut. Das ziemlich große Auge und die Ohren, die an der Spitze weiter auseinanderstehen als am Ansatz, weisen noch einmal auf ein entgegenkommendes, kooperatives Naturell hin. Der lange, tiefsitzende Wirbel, der unterhalb der Augen beginnt und sich nach oben verlängert, ist ein weiteres Zeichen für ein sehr freundliches Pferd.

Die Maulspalte ist ziemlich lang und füllig, was Intelligenz anzeigt, und die Oberlippe ist eher flach als herzförmig, was auf ein Pferd schließen läßt, das seinen Reiter nicht auf die Probe stellt. Winner muß freundlich, kooperativ und gleichzeitig selbstbewußt sein.

SHOMAN
Dreijähriger Shagya-Araber

Dieses Pferd gehört zu den nettesten Persönlichkeiten, die ich je zu bewerten hatte – ich hätte ihn liebend gern selbst zum Freund und Begleiter.

Beachten Sie im Profil den extremen Hechtkopf in Kombination mit einer langen Elchnase. Das zeugt von ungewöhnlicher Sensibilität, von Gedankenreichtum und einem ausgesprochen tiefgründigen Charakter. Achten Sie auch auf Shomans sehr große Ganaschen, die schon mit drei Jahren so ausgeprägt sind. Auch seine Nüstern sind besonders fein ausgebildet.

21 Persönlichkeitsanalysen 87

Shoman

wärts. Aber unter dem Sattel war er ausgesprochen zögerlich, und Jane schickte ihn zu einem Ausbilder.

Shomans Auge ist deutlich mandelförmig mit einem weichen Dreieck darüber. Er ist sehr feinfühlig und braucht jemanden, der ihn versteht und ihn mit Rücksicht und Verständnis für sein sanftmütiges Naturell behandelt. Dies ist ein Pferd, das man sich zum Freizeitreiten aussuchen würde, aber nicht, um es über einen schweren Parcours oder bei einem Polo-Turnier zu reiten.

Sogar von vorn kann man sehen, wie Shomans Kopf sich zu den Nüstern hin verjüngt. Beachten Sie seine großen Augen und den breiten Raum dazwischen sowie die schönen, geschwungenen Ohren. Seine Nüstern sind schmal, ein Zeichen, daß dieses junge Pferd seine geistige Entwicklung noch nicht abgeschlossen hat. Wenn man Shoman in zwei Jahren fotografiert, werden sich seine Nüstern um mindestens 40% erweitert haben.

Shoman gehört Jane Reed. Anfangs war er sehr darauf bedacht, alles richtig zu machen, ruhig und leicht auszubilden. Als sie ihn longierte, ging er problemlos vor-

Als sie ihn abholen kam, sagte man ihr, daß er im Gelände schwierig sei und sich weigere, über eine Brücke zurück in seinen Auslauf zu gehen. In Janes Weide war er jeden Tag über eine ähnliche Brücke gegangen.

Jane wollte genau wissen, was da vor sich ging, und bat den Ausbilder, mit ihr und dem Pferd zu der problematischen Brücke zu gehen. Als sie dort ankamen, entdeckte Jane ein loses Brett, das genau in der Mitte der Brücke nach oben schnellte. Der Trainer begann hinter dem Pferd mit verschiedenen Dingen herumzuwedeln und versuchte, es vorwärtszuscheuchen. Shoman regte sich schrecklich auf. Jane sprach mit ihm und beruhigte ihn, zeigte ihm das Brett und ging dann mit ihm ein paarmal über die Brücke, bis Shoman keine Angst mehr hatte und auch nicht auf das Brett trat.

Die Moral dieser Geschichte ist, daß es meistens unklug ist, diese Art von übersensiblen, hechtköpfigen, sanften Wesen zur Ausbildung wegzugeben. Jemand, der ein solches Pferd aufzieht, tut viel besser dran, es mit langsamen Methoden, die es dem Pferd ermöglichen zu verstehen, was von ihm verlangt wird, selbst auszubilden.

Wizard

WIZARD
Zwanzigjähriger Araberwallach

Wizard ist zu $^7/_8$ ein Araber. Er ist eine Legende in der Welt der Distanzreiter, Sieger in fünfundzwanzig Distanzprüfungen, fünf davon über hundert Meilen, der Rest über fünfzig Meilen. Wizards Erholungswerte von Puls und Atmung sind erstaunlich – er gewann achtzehn Mal den Preis für die beste Kondition.

Dieses Pferd hat einen edlen und eleganten Araberkopf und ist so intelligent, wie Pferde es nur sein können. Schauen Sie sich zuerst einmal sein Profil an; er hat eine sehr lange Nasenpartie vom hervorstehenden Wangenknochen hinunter zur Oberlippe, und er hat auch eine leichte Elchnase. Diese beiden Charakteristika zeichnen ihn als ein sehr beständiges und höchst intelligentes Pferd aus.

Ungewöhnliche Intelligenz drückt sich auch wieder durch das lange, flache Kinn und den schmalen Abstand zwischen der Maulspalte und dem Kinn aus. Pferde mit diesen Charakteristika lernen sehr schnell – man braucht ihnen etwas nur einmal zu zeigen, und schon haben sie es verstanden.

Die Lippen und die Nüstern sind ungewöhnlich ausdrucksvoll und beweglich. Beachten Sie, daß die Nüstern im Vergleich zum übrigen Kopf ziemlich groß und lang sind. Die Ohren sind zart und fein ausgebildet, obwohl sie oben eine Idee enger zusammenstehen, was normalerweise ein hitziges Temperament bedeutet. Die Ganaschen sind groß, und all die gerade erwähnten Merkmale sind bezeichnend für einen sehr aktiven Verstand und ein ausgeprägtes Denkvermögen. Wizard macht einen so intelligenten Eindruck, daß er sich wohl trotz seiner „hitzigen" Ohren beherrschen kann.

Karen Kroon, seine Besitzerin und eine Top-Distanzreiterin, sagt, daß sie Wizard in jedem Tempo über die tückischsten Bodenverhältnisse reiten und sich dabei völlig sicher fühlen kann. „Er macht nur selten einen falschen Tritt", sagt sie, „und wenn er es doch einmal tut, nimmt er den Huf vorsichtig wieder hoch und stellt ihn mit Bedacht dahin, wo es sicher ist."

Karen hat mit Wizard an Fuchsjagden teilgenommen und hat ihn zum Tore aufhalten gebraucht, weil er so still stehen bleibt, während dreißig oder mehr Pferde vorbeidonnern. Weil er so ruhig und wohlerzogen ist, eignet sich Wizard auch besonders als wundervolles Lehrpferd für Kinder, die das Reiten lernen wollen.

Tubbs

TUBBS
Vierzehnjähriger Quarter Horse-Wallach

Es hat mir riesigen Spaß gemacht, den Kopf dieses Pferdes zu beurteilen. Von der Seite her war mein erster Eindruck der eines Pferdes, das vor Stolz, Selbstsicherheit, innerer Stärke und Entschlossenheit geradezu strahlt und wahrscheinlich sehr feste Angewohnheiten hat. Diese Qualitäten drücken sich in seinem selbstsicheren Blick aus und in dem abgesetzten, spitz zulaufenden Kinn, das sich verhärten kann, wenn er sich etwas in den Kopf gesetzt hat. Der hervortretende Nasenknochen unterhalb der Augen zeugt von noch mehr Entschlossenheit und einer Neigung zur Dickköpfigkeit. Seine Haltung scheint zu sagen: „Ich weiß, was ich tue, und ich weiß, was ich will, und vielleicht paßt du da noch irgendwo ins Bild."

Tubbs hat eine lange Maulspalte. Sein Maul ist ungewöhnlich differenziert ausgebildet. Es fällt zwischen den Nüstern ab, bildet ein kleines Grübchen und dann eine gerade Fläche zum Maul hin, ein Zeichen von Entschlossenheit und Intelligenz. Beachten Sie auch das abgeflachte Kinn mit dem kleinen Hubbel, das uns wiederum zu verstehen gibt, daß Tubbs ein schlaues Pferd ist.

Von vorn sehen wir, daß Tubbs ein großes, neugieriges Auge hat und ziemlich breit zwischen den Augen ist. Seine Nüstern sind sehr fein ausgebildet, obwohl sie eher klein als groß sind. Auch die feingeschnittenen Lippen zeugen von Intelligenz. Die Beweglichkeit der Oberlippe läßt auf Neugier schließen. Seine Ohren sind kurz und bei seinem langen Kopf schon beinahe als „Stecknadelohren" zu bezeichnen, ein Zeichen für Pferde, die sehr entschlossen sind und oft für störrisch gehalten werden.

Tubbs neigt dazu, im Galopp zu buckeln. Sein Besitzer sagt mir, daß er viel Respekt verlangt, schlau, stark und auch halsstarrig ist, wenn man ihn falsch anpackt. Wenn er einen mag, macht Tubbs überhaupt keine Schwierigkeiten.

Um sich mit Tubbs zu verstehen, muß der Reiter ihm an Verstandes- und Charakterstärke gleich sein.

90 Charakter beurteilen

TULIP
Zweijährige Quarter Horse-Stute

Von der Seite her war das erste, was mir am Kopf dieser Zweijährigen ins Auge fiel, ein Ausdruck von sowohl Aufmerksamkeit als

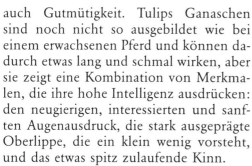

Tulip

auch Gutmütigkeit. Tulips Ganaschen sind noch nicht so ausgebildet wie bei einem erwachsenen Pferd und können dadurch etwas lang und schmal wirken, aber sie zeigt eine Kombination von Merkmalen, die ihre hohe Intelligenz ausdrücken: den neugierigen, interessierten und sanften Augenausdruck, die stark ausgeprägte Oberlippe, die ein klein wenig vorsteht, und das etwas spitz zulaufende Kinn.

Sie hat die Andeutung eines konkav gewölbten Nasenrückens, nicht genug, um es einen Hechtkopf nennen zu können, aber gerade genug, um die Eigenschaft der Sensibilität zu den verschiedenen Aspekten ihrer Persönlichkeit hinzuzufügen.

Von vorn fielen mir gleich ihre unglaublich weit auseinanderstehenden, breiten, kurzen Ohren auf, die man beinahe als Schlappohren bezeichnen könnte. Sie zeugen von Beständigkeit und einem Pferd, das gleichbleibend und willig Leistung erbringt.

Beachten Sie auch die beiden nebeneinanderliegenden Wirbel in der Mitte von Tulips Kopf oberhalb der Augen. Wenn ich diesen Doppelwirbel in bezug zu all ihren anderen Charakteristika betrachte, glaube ich, daß sie nicht zu den unerwarteten Gefühlsausbrüchen neigt, auf die diese Wirbel manchmal schließen lassen.

Noch sind Tulips Nüstern schmal und wenig ausgebildet, was für eine Zweijährige ganz normal ist, da das auf einen noch nicht fertig ausgebildeten Verstand hindeutet. Insgesamt ist ihr Kopf etwas schmal. Das läßt auf ein Pferd schließen, das tut, was man von ihm verlangt, wenn man ihm klare Hilfen gibt, anstatt selbst zu überlegen, was es gern tun möchte. Diese im Grunde willige Veranlagung kann man auch an ihrer weichen, herzförmigen Oberlippe erkennen.

Tulips Besitzer bestätigen meine Beobachtungen und beschreiben sie sowohl als schlau als auch als freundlich, ein Pferd, das nie buckelte oder irgendeine Art von Widerstand leistete. In nur zwei Tagen lernte sie an der Longe im Schritt, Trab und Galopp zu gehen.

21 Persönlichkeitsanalysen 91

TEZ
Zwölfjähriger Wallach, halb Quarter Horse, halb Araber

Als ich mir Tez im Profil ansah, war mein erster Eindruck von ihm der einer heftigen

Tez

und hitzigen Persönlichkeit. Es war ein intuitives Gefühl, und ich konnte einfach nicht genau sagen, was der Grund dafür war. Nachdem ich das Foto eine Weile angestarrt hatte, wurde mir klar, daß Tez ungewöhnliche Ohren hat. Sie stehen in einem sehr steilen Winkel nach vorn, was ihnen ein „heftiges" Aussehen verleiht. Er hatte einen entschlossenen Augenausdruck, der mich anzog, und ich spürte einen stillen, starken Willen. Aus irgendeinem Grund fiel es mir aber sehr schwer, ihn zu analysieren.

Die Deutung seines Charakters wurde leichter, als ich mir zur Orientierung die Vorderansicht anschaute. Hier sah ich sehr große Nüstern und große Augen (beachten Sie, wieviel Auge er zeigt), beides Anzeichen von Intelligenz. Die sehr kurzen, breiten Ohren, die stark nach vorn geneigt sind, wie man auch schon von der Seite sehen konnte, deuten oft auf ein Pferd hin, das hitzig und kompliziert ist. Hätten seine Ohren sowohl Länge als auch Breite besessen, wäre das ein Zeichen der Be-

ständigkeit gewesen, aber hier deutet die Kürze des Ohrs auf ein Pferd hin, das feste kaum veränderbare Angewohnheiten hat. Die starke Vorwärtswinkelung der Ohren verstärkt diese Tendenz noch. Sein Augenausdruck und die Weichheit um sein Maul herum lassen aber auf ein allgemein gutmütiges Naturell schließen. Auch das Profil verrät mir, daß es sich hier um eine Persönlichkeit handelt, die zwar hitzig und vielschichtig, aber auch freundlich ist.

Tez hat eine faszinierende Geschichte. Er war auf dem Weg zum Schlachter und stand für 400 Dollar zum Verkauf, als sein Besitzer ihn rettete. Bis dahin konnte er niemals ohne Beruhigungsmittel geritten werden. Trotzdem – unter dem Einfluß des Beruhigungsmittels und ohne jede Kondition – konnte er jeden Berg hinauftraben, ohne je müde zu werden. Sein Besitzer sagt mir, daß seine Energie erstaunlich ist, daß es für ihn einfach kein Ende gibt. Auf dem Heimweg geht er die ganze Zeit einen langsamen Westerntrab,

Yuma

und nichts kann ihn davon abhalten. Dieses Verhalten paßt zu der starken Vorwärtsneigung seiner Ohren. Einerseits hat er einen ungeheuren Willen und erstaunliches Durchhaltevermögen, andererseits ist er sehr vernünftig, scheut nicht, arbeitet liebend gern und ist sehr freundlich.

Mein abschließender Eindruck von ihm ist, daß er ein ungewöhnlich intelligentes Pferd ist und viel zu sagen hätte, wenn er reden könnte.

YUMA
Fünfjähriger Mustangwallach

Das „Federal Bureau of Land Management" treibt immer wieder die wildlebenden Mustangs zusammen, um die Größe der Herden unter Kontrolle zu halten. Es gibt ein Programm zur Adoption solcher Wildpferde, und auf diese Art und Weise waren auch Joanne und Jim Dietz aus Kalifornien in den Besitz von Yuma gekommen.

Nachdem sie ihn „adoptiert" hatten, schickten sie ihn nach Idaho zu einem Mustangtrainer. Er kam übersät mit Wunden zurück, die von scheuernden Stricken herrührten. Sein Trainer sagte, er sei „besonders störrisch und schwierig einzureiten".

Dieses Pferd sieht von vorn und von der Seite sehr verschieden aus. An diesem Beispiel kann man wieder gut sehen, warum es wichtig ist, beide Perspektiven zu betrachten, um ein Pferd richtig beurteilen zu können.

Von vorn deuten seine großen, ausdrucksvollen Nüstern auf Intelligenz hin, aber sein kleines, hoch am Kopf sitzendes Auge zeugt von einem Pferd, das manchmal störrisch sein kann und ein bißchen Zeit braucht, um etwas zu verstehen. Es ist auch möglich, daß die Nüstern mehr ausgebildet sind, weil es nicht gut sieht.

Yumas Ohren sind sehr interessant. Von vorn können Sie sehen, daß sie ziemlich weit auseinanderstehen, aber das Ohr selbst ist schmal und steil aufgerichtet, ein weiteres Zeichen von mangelnder Flexibilität und langsamem Denken.

Wenn ich von „mangelnder Flexibilität" spreche, dann nehme ich an, daß bei Pferden wie Yuma tatsächlich weniger Nervenimpulse vom Gehirn ausgehen als bei anderen Pferden. Ich habe den Eindruck, daß diese Art Pferd weniger Verbindung zwischen Gehirn und Körper hat als ein Pferd, das schnell lernt. Das bedeutet, daß es einen physiologischen Grund gibt für das, was manchmal als „schlechte Einstellung" angesehen wird.

In den Augen dieses Pferdes liegt ein sanfter, aber zurückhaltender Blick, ein introvertierter Ausdruck.

Der Wirbel ist sehr lang. Sie können erkennen, daß er etwa fünf Zentimeter unter den Augen beginnt und bis über die Augen reicht – ein gut zehn Zentimeter langer Wirbel. In unseren Untersuchungen und auch meiner Erfahrung nach haben wir einen solchen Wirbel immer wieder bei Pferden gesehen, die ein wirklich freundliches Wesen hatten. Im Grunde ist dies also ein Pferd, mit dem man, wenn man geduldig ist, eine vertrauensvolle, freundliche Beziehung entwickeln kann, obwohl Yuma schwierig ist. Seine großen Nüstern, die weiche Kinnlinie und das quadratische Maul zeigen an, daß er kooperativ sein kann, vorausgesetzt, Sie erlauben ihm genug Zeit, um herauszufinden, was Sie von ihm verlangen.

Wenn wir nun zur Seitenansicht weitergehen, können wir eine Ramsnase, einen extremen Hubbel auf dem Nasenknochen unterhalb der Augen und eine kurze Maulspalte sehen. Das deutet auf einen zähen und mutigen Charakter hin, der aber auch sehr halsstarrig sein kann, wenn man ihn bedrängt. Es wundert mich nicht, daß er mit seinem Trainer gekämpft hat. Manchmal ist es für ein Pferd mit einer kurzen Maulspalte schwierig, ein Gebiß problemlos im Maul zu tragen, und es wird sich möglicherweise ziemlich heftig widersetzen. Das Maul hat außerdem eine starke Verbindung zum limbischen System, dem Teil des Gehirns, der die Gefühle und die Lernfähigkeit beeinflußt. Deshalb können Probleme mit dem Maul die Fähigkeit des Pferdes zur Mitarbeit und die Lernfähigkeit beeinträchtigen.

Wenn man auch nur die normalen Methoden verwendet, um ein solches Pferd einzureiten, oder aber, was noch schlimmer ist, versucht, mit ihm zu kämpfen, wird es dazu neigen, sich eher zu verletzen als aufzugeben, weil es gar nicht anders kann, als sich zu widersetzen. Das ist keine Absicht.

Mein Gesamteindruck von Yuma ist der eines Pferdes, das man nicht beherrscht oder „zähmt": Er ist ein Pferd, das man mit viel Geduld und Verständnis für seine mentalen Unzulänglichkeiten unterrichten muß. Er ist ein Pferd für jemanden, der selbst auch ein richtiger Charakter ist. Er braucht jemanden, der seine Wildheit, seine Unabhängigkeit und das bißchen Distanz und Zurückhaltung zu schätzen weiß, das er beibehalten wird, bis er genug Vertrauen entwickelt hat, um einem sein Herz zu schenken.

TEIL II

Die Gesundheit
Ihre Auswirkung auf die Persönlichkeit

Kapitel 1

Das Gebäude

Wie beeinflußt das Gebäude den Charakter und das Verhalten? Die grundlegenden Proportionen eines Pferdes bestimmen sein Gleichgewicht, den Gang und das Leistungsvermögen. Das körperliche Gleichgewicht beeinflußt das emotionale und das geistige Gleichgewicht. Hat das Pferd Flachhufe, einen Hirschhals, eine bärentatzige Fesselstellung, einen langen Rücken, ist es schmalbrüstig oder stimmt die Winkelung der Schulter, der Fesseln und des Hufs nicht überein, beeinträchtigt das normalerweise sein Leistungsvermögen und sein Selbstvertrauen.

Es ist nützlich, wenn man sowohl ein ideales als auch ein fehlerhaftes Gebäude, das die Leistung des Pferdes beeinträchtigt, erkennen kann. Ein Reiter, der in der Lage ist, das Potential eines Pferdes aufgrund seines Gebäudes zu beurteilen, kann sich viele Auseinandersetzungen und Kämpfe sparen, Auseinandersetzungen, die dadurch entstehen, daß man von seinem Pferd eine Leistung verlangt, die es unmöglich erbringen kann. Das resultiert dann meist auch noch in einer falschen Beurteilung des Pferdecharakters.

Die folgenden Beschreibungen, Zeichnungen und Fallstudien werden Ihnen helfen, die Beziehung zwischen dem Gebäude und der Persönlichkeit eines Pferdes zu verstehen.

Maße und Proportionen

Das ideale Gebäude

Diese Maße geben Ihnen die Möglichkeit, die idealen Linien bei einem Leistungspferd zu erkennen. Kopf, Hals, Schultern, Rücken und Kruppe sind bei einem ideal gebauten Vollblüter gleich lang, bei anderen Rassen können sie in den Maßen leicht variieren. Die Schulter mißt man vom Buggelenk bis zur Mitte des Widerrists. Den Rücken mißt man von der Mitte des Rumpfs (hinter dem Schulterblatt) zur Flanke. Den Kopf mißt man vom Genick, dem höchsten Punkt des Schädels, bis zum Maulwinkel. Die Kruppe mißt man vom Hüfthöcker über den Sitzbeinhöcker zur Mittellinie unter dem Schweif. Bei den Hunderten von Pferden, die ich gemessen habe, kam es häufig vor, daß die Kruppe bis zu zehn Zentimeter kürzer war als die übrigen Meßwerte. Das scheint aber die Leistungsfähigkeit nicht im geringsten zu beeinträchtigen.

Den Hals mißt man von hinter dem Ohr zur Vorderseite des Schulterblattes, wenn der Hals gerade und nicht aufgerichtet ist. Die Länge des Halses ist nicht so wichtig, wenn das Pferd nur ein Freizeitpferd ist. Wenn man aber außergewöhnliche sportliche Leistung oder Versamm-

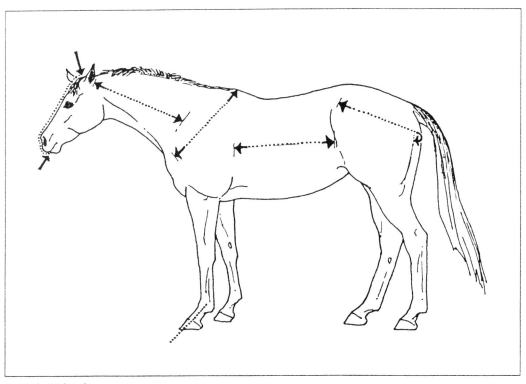

1. Ideales Gebäude

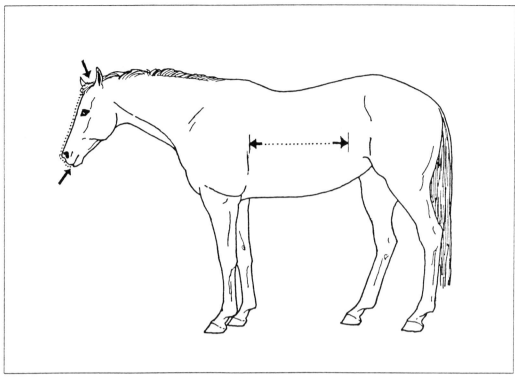

2. Langer Rücken

lung verlangt, sollte der Hals die gleiche Länge wie die Schulter, der Kopf und der Rücken haben.

Der Winkel von der Mitte des Fesselgelenks hinunter durch die Mitte der Fessel und durch den Huf sollte mit der Winkelung der Schulter übereinstimmen. Wenn Schulter und Fesselwinkel nicht übereinstimmen, kann das Steifheit und Schmerz zur Folge haben, was wiederum Unwilligkeit, Lahmheit und Widerstand hervorruft (Abb. 1).

Ein extremes Beispiel dafür, was diese körperlichen Gegebenheiten aus einem Pferd machen können, habe ich einmal in einem Polenwallach gefunden, dessen Bissigkeit und Aggressivität sich vorher niemand erklären konnte (siehe Seite 128).

Ein langer Rücken

Wenn man den Abstand vom Schulterblatt zur Flanke mißt, findet man manchmal ein Pferd mit einem langen Rücken, das heißt, der Rücken ist etwa zehn Zentimeter länger als der Kopf, der Hals oder die Schulter (Abb. 2).

Wie beeinflußt ein langer Rücken die Persönlichkeit? Dafür ist Doreena (siehe Seite 111) ein gutes Beispiel. Ein langer Rücken kann Schmerzen und Probleme hervorrufen, wenn das Pferd versucht, den Forderungen seines Reiters Folge zu leisten, mit dem Ergebnis, daß sein Verhalten dann als ein Zeichen „schlechten Charakters" mißverstanden wird.

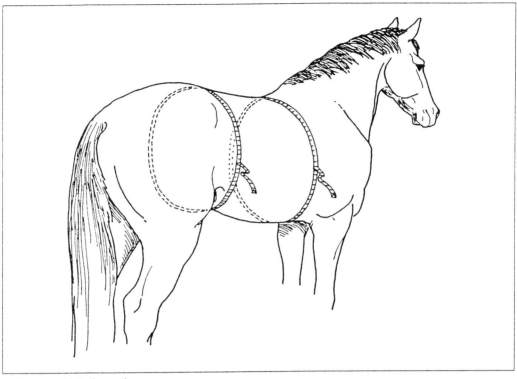

3. Brust- und Flankenumfang messen

Brustumfang und Flanke messen

Im Jahre 2500 v. Chr. schrieb der griechische Reitergeneral Xenophon die Abhandlung „Über die Reitkunst". Darin steht, daß man bei einem gutgebauten Pferd beide Hände ausgebreitet über die Lendengegend legen können sollte. Die Lenden sollten so breit sein, daß die flachen Hände auf beiden Seiten der Wirbelsäule Platz haben. Bedenken Sie, daß Pferde zu Xenophons Zeiten ohne Sattel geritten wurden und anscheinend einen ziemlich kurzen Rücken hatten. Trotzdem ist sein Prinzip einen Gedanken wert.

Die Pferde der ungarischen Kavallerie waren früher einmal für ihre Ausdauer berühmt, und man sagt, daß die besten unter ihnen einen gleichen Brust- und Flankenumfang hatten. Ich habe viele Hundert-Meilen-Distanzpferde gemessen, um diese Theorie zu testen, und habe festgestellt, daß sie oft richtig ist. So hatte auch meine Araberstute Bint Galida diese Maße. Sie bewältigte 1961 die hundert Meilen in der Rekordzeit von dreizehn Stunden und sechsunddreißig Minuten und gewann nicht nur das Rennen, sondern auch den Konditionspreis.

Es ist leicht, den Brust- und den Flankenumfang zu messen. Sie brauchen dazu einen Strick oder ein Maßband, das sich nicht dehnt. Um den Brustumfang zu messen, legen Sie das Band über die Mitte des Widerrists, so daß es gerade hinter den Schultern liegt. Achten Sie darauf, daß auf beiden Seiten das Seil senkrecht zu Boden hängt. Dann messen Sie den Brustumfang.

Das Gebäude 101

4. Aufgeschürzt

Ein aufgeschürztes Pferd

Um den Flankenumfang zu messen, legen Sie das Seil so über die Lendenpartie, daß es senkrecht über dem breitesten Teil der Lende, gerade vor dem Kniegelenk, zu Boden hängt. Vergewissern Sie sich, daß das Seil gleichmäßig zu beiden Seiten herunterhängt. Dann messen Sie den Flankenumfang. Das Durchschnittspferd hat etwa 2–5 Zentimeter weniger Flanken- als Brustumfang (Abb. 3).

Der Flankenumfang eines „aufgeschürzten" Pferdes kann sogar 10 (oder mehr) Zentimeter schmäler sein als sein Brustumfang. Es ist schwer, einen Sattel ohne gutsitzendes Vorderzeug oder einen sehr engen Gurt auf solch einem Pferd in Position zu halten. Gurt oder Vorderzeug können das Pferd aber sehr stören, was sich in widerspenstigem oder unberechenbarem Verhalten äußert (Abb. 4).

Normales und anormales Gebäude

Vorderbeine
(von vorn)

Normal
Um die Stimmigkeit des Gebäudes zu überprüfen, die letztendlich nicht nur das körperliche, sondern auch das geistige und gefühlsmäßige Gleichgewicht beeinflußt, fällen Sie ein Lot von der Brust nach unten über das Vorderbein. Das Lot sollte durch die Mitte des Unterarms, die Mitte des Karpalgelenks, die Mitte des Fesselgelenks und durch die Mitte des Hufs gehen (Abb. 5).

Bodenweit
Bodenweite Pferde mit breiter Brust neigen eher zu Langsamkeit, während bodenweite Pferde mit schmaler Brust vielleicht ihr Gleichgewicht schlecht halten und daher schreckhaft sein können. Sehen Sie sich den Araberwallach Kesil (siehe Seite 114/115) als typisches Beispiel eines Pferdes mit Gleichgewichtsproblemen an: Er ist schmalbrüstig und steht bodenweit (Abb. 6).

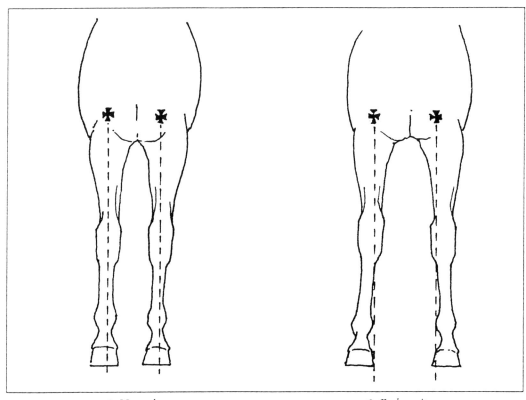

5. *Normal*   6. *Bodenweit*

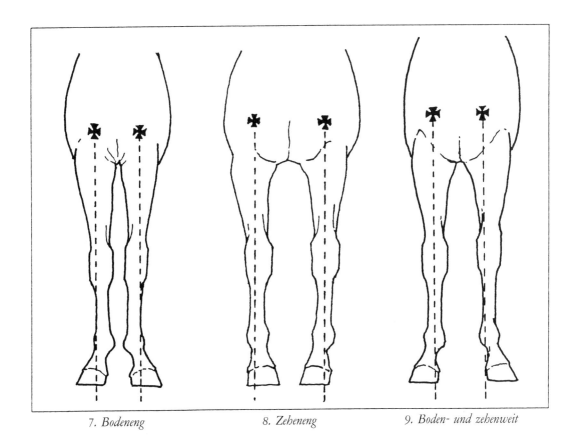

7. Bodeneng   8. Zeheneng   9. Boden- und zehenweit

Bodeneng, zehenweit, schmalbrüstig, schräge Karpalgelenke
Eine solche Kombination von Fehlstellungen beschränkt die Fähigkeit, Gewicht zu tragen; oft fehlendes Selbstvertrauen und ängstlich, schreckhaft, unzuverlässig und wenig leistungsfähig aufgrund des geistigen und emotionalen Ungleichgewichts, das mit einem solchen körperlichen Ungleichgewicht einhergeht. Kann von einer hohen Kopfhaltung oder von einem Hirschhals begleitet sein (Abb. 7).

Zeheneng
Diese Pferde sind normalerweise stabil und können wundervolle Freizeitpferde sein, obwohl ihre Leistungsfähigkeit manchmal etwas eingeschränkt ist (Abb. 8).

Bodenweit und zehenweit
Dieser Gebäudefehler beeinträchtigt die Persönlichkeit nur selten, aber er schränkt die sportliche Leistungsfähigkeit ein (Abb. 9).

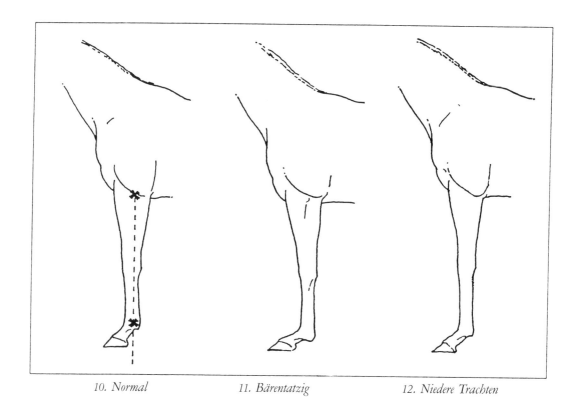

10. Normal   11. Bärentatzig   12. Niedere Trachten

Vorderbeine (von der Seite)

Normal
Wenn ein Pferd ideal leistungsfähig und im Gleichgewicht ist, sollte ein Lot durch die Mitte des Unterarms, durch die Mitte des Karpalgelenks und durch die Mitte des Fesselgelenks gehen (Abb. 10).

Bärentatzige Fessel, zu niedere Trachten
Beides sind Gebäudefehler, die zu Entzündungen und Rückenschmerzen führen können, die wiederum Widersetzlichkeit und beschränkte Leistungsfähigkeit zur Folge haben (Abb. 11 und 12).

Das Gebäude **105**

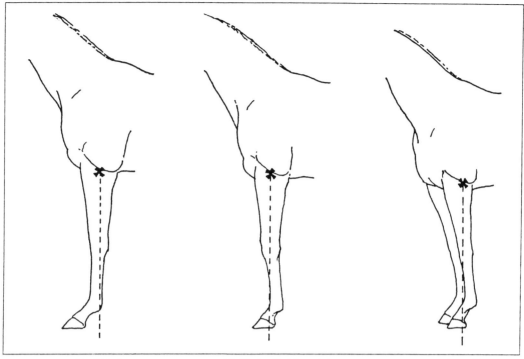

13. Rückbiegig   *14. Vorbiegig (kniehängig)*   *15. Rückständig*

Rückbiegig
Dieser Fehler verursacht bei leichter Arbeit auf ebenem Boden kaum Schwierigkeiten. Aber die Belastung und die verminderte Leistungsfähigkeit können beim Springen und bei schneller Arbeit dem Pferd Probleme bereiten (Abb. 13).

Vorbiegig (kniehängig)
Aus diesem Fehler können Verspannungen in den Beinen, in den Schultern und im Rücken resultieren, die wiederum Unbeständigkeit und nervöses Verhalten hervorrufen. Anderseits kannte ich auch einige Top-Hindernispferde mit dieser Beinstellung (Abb. 14).

Rückständig
Dieses körperliche Ungleichgewicht ist häufig die Ursache von Nervosität oder Widerspenstigkeit (siehe Doreena, Seite 111). Vielen Pferden kann durch die TTEAM-Arbeit dauerhaft geholfen werden (Abb. 15).

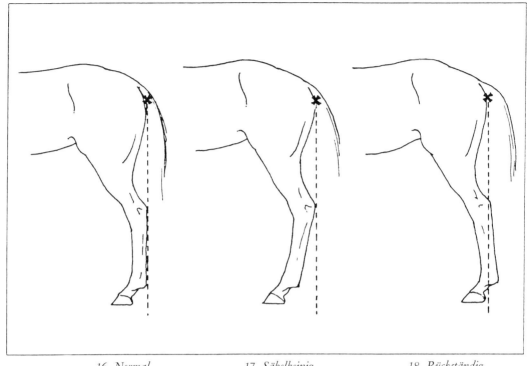

16. *Normal* 17. *Säbelbeinig* 18. *Rückständig*

Hinterbeine
(von der Seite)

Normal
Im Gleichgewicht; die Fallinie verläuft vom Sitzbeinhöcker aus hinten am Sprunggelenk und dann hinten am Fesselgelenk entlang (Abb. 16).

Säbelbeinig
Bei Überarbeitung kann ein säbelbeiniges Pferd Spat, Muskelknoten oder Verspannungen in den Hinterschenkeln entwickeln, was häufig Widersetzlichkeit hervorruft (Abb. 17).

Rückständig
Von allen Gebäudefehlern beeinflußt dieser die Persönlichkeit des Pferdes am meisten. Rückständige Pferde haben normalerweise Schwierigkeiten mit der Versammlung und sind oft widerspenstig, wenn sie Leistungen auf höherer sportlicher Ebene erbringen sollen. Solche Widerspenstigkeit, die normalerweise als absichtlicher Starrsinn oder Unwillen ausgelegt wird, kann tatsächlich das Ergebnis von Rückenschmerzen, Schmerzen im Beckenbereich und Leistungsunfähigkeit sein (Abb. 18).

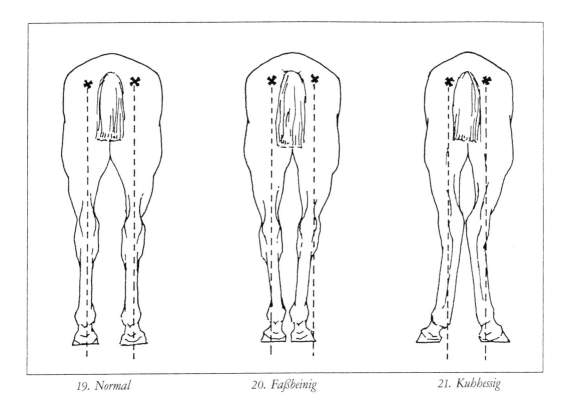

19. Normal   20. Faßbeinig   21. Kuhhessig

Hinterbeine
(von hinten)

Normal
Die Fallinie geht vom Sitzbeinhöcker durch das Fersenbein, das Fesselgelenk und die Mitte der Trachten (Abb. 19).

Faßbeinig
Obwohl ich einige Spitzenspringpferde mit dieser Beinstellung gesehen habe, kann dieser Fehler einen Mangel an Selbstvertrauen hervorrufen. Das Becken und der Rücken müssen das durch die Faßbeinigkeit hervorgerufene Ungleichgewicht ausgleichen. Die dadurch entstehende Überanstrengung dieser Körperteile kann Nervosität zur Folge haben (Abb. 20).

Kuhhessig
Wenn man extrem kuhhessige Pferde leistungsmäßig überfordert, kann das aufgrund von Schwäche und Ermüdung zu Widersetzlichkeit führen. Kombiniert mit einem schlecht geschlossenen Gebäude (matter Rücken) können Schmerzen oder fehlende Kraft im Rücken, dem Lendenbereich und den Hinterbacken in einer negativen Einstellung resultieren (Abb. 21).

108 Die Gesundheit

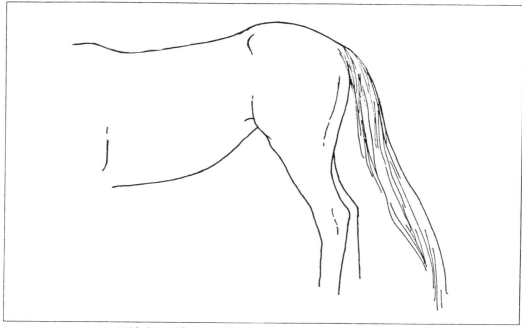

22. Schlecht geschlossenes Gebäude

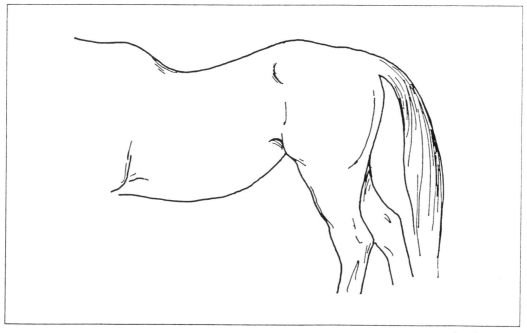

23. Senkrücken

Matter Rücken (schlecht herangeschlossen)
Viele Persönlichkeitsprobleme entstehen daraus, daß Pferde mit einem schlecht geschlossenen Gebäude über ihre Leistungsgrenzen hinaus beansprucht werden (siehe Doreena, Seite 111 (Abb. 22)).

Senkrücken
Eines der größten Probleme besteht darin, den Sattel so anzupassen, daß er keine Rückenschmerzen hervorruft, die ihrerseits wieder Überreaktionen des Pferdes zur Folge haben (Abb. 23).

Der Hals

Normal
Die Länge, die Dicke und der Aufsatz können das Verhalten stark beeinflussen. Ein Pferd mit einem freien Kehlgang und einem ausreichend langen, gut aufgesetzten Hals wird über ein natürliches Gleichgewicht und eine natürliche Koordination verfügen (Abb. 24).

24. Normal

„Bretthals"
Oft können Pferde mit einem Bretthals die Art von Versammlung und Gleichgewicht, die wir verlangen, nicht erreichen. Sehen Sie sich den Hals Ihres Pferdes an, falls es sich bei versammelten Lektionen widersetzt, und prüfen Sie, ob Ihre Erwartungen realistisch sind und Ihr Pferd körperlich in der Lage ist, Ihren Anforderungen zu genügen (Abb. 25).

25. „Bretthals"

Ein kurzer Hals mit wenig Ganaschenfreiheit
Diese Pferde wehren sich oft noch mehr gegen die Versammlung als Pferde mit einem Bretthals. Sie können hervorragende Freizeitpferde sein, falls sie aber Verhaltensprobleme zeigen, ziehen Sie bitte ihre körperlichen Beschränkungen in Betracht, ehe Sie ihre Persönlichkeit dafür verantwortlich machen (Abb. 26).

26. Kurzer Hals mit wenig Ganaschenfreiheit

27. Hirschhals

28. Hoher Widerrist

Hirschhals
Pferde mit einem Hirschhals sind oft schwierig und widersetzlich. Aufgrund ihres Gebäudefehlers drücken sie den Rücken weg und sind verspannt, was Atmung und Gleichgewicht beeinträchtigen kann. Es ist möglich, einen Hirschhals mit Hilfe der TTEAM-Arbeit zu korrigieren, indem man den Rücken höher bringt und den Schwerpunkt des Pferdes verlagert. Durch diese Veränderungen kann man die angeborenen Schwierigkeiten eines hirschhalsigen Pferdes mit verblüffender Wirkung bearbeiten (Abb. 27).

Ein hoher Widerrist
Ein hoher Widerrist stellt selten ein Problem dar, außer wenn der Sattel nicht paßt. Leider ist es nicht ganz leicht, einen passenden Sattel für ein Pferd mit ungewöhnlich hohem Widerrist zu bekommen. Deshalb behelfen sich viele Menschen mit einem Sattel, der auf den Widerrist des Pferdes drückt, und stellen dann alle möglichen Verhaltensprobleme wie Nervosität, Buckeln oder Scheuen fest (Abb. 28).

Fünf illustrierte Fallstudien von Pferden mit Gebäudemängeln

DOREENA

Diese Stute ist ein gutes Beispiel für ein langrückiges, schlecht geschlossenes Pferd mit einem Brett- und Hirschhals, dessen Gebäude Schmerzen hervorruft. Sie wurde als Dressurpferd gekauft und reagierte sehr unbefriedigend, als man von ihr Versammlung und dressurmäßige Haltung verlangte. Deshalb wurde sie dann als unkooperativ und schwierig abgestempelt und schließlich als „Pleasure"-Westernpferd verkauft.

In dieser Art des Westernreitens machte sie große Fortschritte und verwandelte sich von einem Problempferd zu einem, das seinen Reiter glücklich machte. Weil sie sich in „Western Pleasure" so gut machte, nahm man an, daß sie auch ein „Reining"-Pferd werden könnte, aber wieder machten ihr ihre körperlichen Gegebenheiten einen Strich durch die Rechnung. Sie hatte aufgrund ihres langen Rückens und ihres schlecht geschlossenen Gebäudes Gleichgewichtsprobleme und deshalb große Schwierigkeiten, bei den „Sliding stops" ihre Beine unter sich zu bekommen. Das Resultat waren heftige Kämpfe mit ihrem Ausbilder und ein schlechter Ruf als „störrisches" Pferd (siehe Foto 1).

1. Doreenas Probleme werden von einem langen Rücken, einem schlecht geschlossenen Gebäude und einem Brett- und Hirschhals verursacht.

WAGNER

Zehnjähriges Quarter Horse: Wagner war bekannt dafür, daß er mindestens einmal in den meisten seiner Ausbildungsstunden explodierte und buckelte. Sein Trainer hielt ihn für „ein richtiges Mistvieh". Wenn Sie sich seine Fotos genau ansehen, werden Sie vielleicht den Hauptgrund seines Problems erkennen können. Beachten Sie den geraden Hals mit einem Anflug von Hirschhals und den Ausdruck des Unbehagens, den er auf allen Bildern unter dem Sattel zeigt.

Wagner ist ein weiterer Fall, bei dem der sogenannte „schlechte Charakter" direkt von einem mangelhaften Gebäude herrührt. Hier stellt sich die Frage nach einer für ihn geeigneten Disziplin: Wagner könnte sich beispielsweise als Jagdpferd gut bewähren, aber die versammelte Haltung, die in der Dressur verlangt wird, fällt ihm aufgrund seines Gebäudes schwer (siehe Abb. 2–5).

2. Wagner: Beachten Sie den Bretthals und den leichten Hirschhals.

3. Der Hals des Pferdes ist sehr verspannt, und das Pferd sieht aus, als ob es Schmerzen hätte. Beachten Sie die Verspannungen um Nüstern und Augen – Wagner scheint die Luft anzuhalten, was häufig der Grund dafür ist, daß ein Pferd „explodiert" und buckelt.

Das Gebäude **113**

4. Oben ist Wagner deutlich hinter der Senkrechten – für den Reiter bequem, weil der Rücken weicher wird, für das Pferd aber oft frustrierend, weil es nicht sehen kann, wo es hingeht und wegen der überdehnten Hals- und Rückenmuskeln Schmerzen bekommt.

5. Unten: Obwohl das Pferd nicht ganz an der Senkrechten ist, ist der Anflug von Hirschhals noch immer zu sehen. Dieser kurze, verspannte Hals macht Wagner widerspenstig und verhindert sein williges Mitarbeiten.

KESIL

Der fünfjährige Araberwallach ist ein hervorragendes Beispiel für ein bodenweites, schmalbrüstiges Pferd mit nach außen gestellten Vorder- und Hinterhufen. Vom Boden aus ist Kesil ein sehr freundliches Pferd, aber sobald der Reiter aufsitzt, wird er höchst unberechenbar. Der Wallach lernt langsam und behält Informationen nicht, ein Pferd, an dem man gut sehen kann, wie ein körperliches, geistiges und emotionales Ungleichgewicht die Persönlichkeit beeinflußt.

Kesil ist kein böswilliges Pferd, aber aufgrund seiner explosionsartigen Reaktionen könnte er so abgestempelt werden (siehe Abb.6-8).

6. *Kesil, fünfjähriger Araberwallach, ist schmalbrüstig und steht hinten und vorn zehen- und bodenweit.*

Das Gebäude 115

7. Eine typische Reaktion für Kesil. Obwohl er schon oft geritten wurde, wirft er immer noch angstvoll den Kopf hin und her und klemmt den Schweif ein, wenn seine Reiterin das Bein über den Sattel schwingt.

8. Auf den ersten Blick macht Kesil einen ziemlich freundlichen Eindruck. Beachten Sie aber den dünnen Bretthals mit dem Anflug von Hirschhals und die hohe Kopfhaltung, die offensichtlich typisch für dieses Pferd ist. Der Kopf vermittelt den Eindruck von Unreife – obwohl er fünf Jahre alt ist, sind seine Ganaschen sehr klein, und er hat einen ziemlich verträumten Augenausdruck.

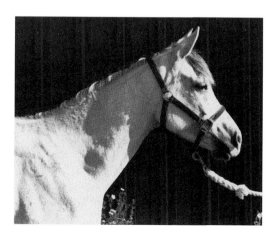

116 Die Gesundheit

CHOCOLATE

Als ich mir die Kopffotos dieses dreizehnjährigen Ponywallachs zum erstenmal ansah, dachte ich: Hmmm, zuverlässig. Er wirkte richtig nett mit seinem geraden Profil, den weit auseinanderstehenden Augen und Ohren und den großen Nüstern. Aber als ich mir das Profil noch einmal ansah, wurde mir klar, daß sein Halsansatz sehr verspannt war, was mich intuitiv warnte. Wenn Sie etwas Übung im Beurteilen von Persönlichkeiten haben, werden Sie feststellen, daß Ihre Intuition sich wie eine unhörbare innere Stimme entwickelt. In diesem Fall sagte mir meine Intuition: O je, dieses Pony ist ein bißchen zu wach.

In dieser Situation mußte ich mir den ganzen Körper ansehen, um mir ein besseres Bild von diesem Pony machen zu können. Chocolate trägt den Kopf hoch, er hat einen Hirschhals, einen langen Rücken, und die Muskeln seiner Hinterbacken und seines Rumpfes sind verspannt – er wirkt wie eine gespannte Sprungfeder, und so bewegt er sich auch unter dem Sattel.

Chocolates Besitzerin berichtet, daß er immer vorn sein muß, obwohl er ein Stockmaß von unter 130 Zentimetern hat. Er ist nicht gefährlich, sagt sie, aber sie beschreibt ihn als einen „richtigen kleinen Feuerstuhl".

Ich glaube, daß seine Nervosität und seine unruhige Persönlichkeit nichts mit seinen geistigen und emotionalen Qualitäten zu tun haben, sondern mit seinem Gebäude – ein Fall von Dominanz des Körpers über den Geist (siehe Abb.9–11).

9. Chocolate: Beachten Sie die breiten Ohren, die großen Nüstern, die weit auseinanderstehenden Augen, alles Merkmale, die auf ein intelligentes, freundliches Wesen hindeuten.

Das Gebäude **117**

10. Beachten Sie die Spannung im Ansatz von Kopf und Hals (oben), ein Hinweis auf seine Nervosität unter dem Sattel, obwohl das gerade Profil ein unkompliziertes und umgängliches Wesen bezeugt.

11. Sehen Sie sich Chocolates Gebäude (unten) an: Ein hochgetragener Kopf, Hirschhals, langer Rücken und verspannte Muskeln am Rumpf und an den Hinterbacken.

12. *Fjodor trägt den Kopf von Natur aus hoch, was bewirkt, daß ihm ein runder, versammelter Galopp unangenehm ist.*

FJODOR

Fjodor ist ein sechsjähriger Achal-Tekkiner-Hengst: Er zeigt ohne Reiter ein sanftes Wesen, ist freundlich, ruhig und leicht auszubilden, aber er kann auch störrisch sein. Ich habe eine Reihe junger Hengste besessen, die in gewissen Ausbildungsphasen alle vier Beine in den Boden stemmten und sich weigerten weiterzugehen. Ich habe entdeckt, daß es besser ist, mit ihnen Geduld zu haben und ein paar Minuten zu warten, anstatt es auf einen Kampf ankommen zu lassen.

Fjodor wurde verkauft, weil er bei der Galoppausbildung solche Schwierigkeiten machte. Sein Trab war schön und raumgreifend, aber seiner Reiterin zufolge war er im Galopp sehr widerspenstig, fiel auseinander und trug den Kopf sehr hoch. „Mir kam es die ganze Zeit so vor, als ob seine Hinterbeine nicht unter ihm wären", sagte sie.

Hier haben wir ein anderes Beispiel dafür, wie das Gebäude die Leistung beeinflußt. Man erwartete von Fjodor, daß er einen runden, versammelten Galopp ging, obwohl er den Kopf von Natur aus hoch trägt, wie Sie sowohl von vorn als auch von der Seite sehen können. Seine Vorderbeine stehen hinter der Senkrechten, und seine Hinterbeine sind etwas rückständig.

Wenn Sie versuchen, ein solches Pferd in eine ihm unangenehme, versammelte Haltung zu zwingen, kann es seine angeborene Freundlichkeit verlieren und störrisch, widerspenstig und feindselig werden. Achal-Tekkiner kommen aus der asiatischen Steppe, wo sie normalerweise mit hohem, freiem Kopf geritten werden. Wenn man Fjodor erlaubt hätte, so zu galoppieren, hätte er die Möglichkeit gehabt, sein Gleichgewicht in Übereinstimmung mit seinem Gebäude zu finden (siehe Abb. 12 und 13).

Es ist faszinierend zu sehen, wie bei Pferden genau wie bei Menschen das Selbstbild und das Selbstvertrauen sehr davon beeinflußt werden, wie der einzelne seinen Körper spürt und wahrnimmt. Wenn ein Pferd Gebäudemängel hat oder seinen Körper gewohnheitsmäßig verspannt, steht es nicht im Gleichgewicht, was Nervosität und ein schwaches Selbstbewußtsein zur Folge haben kann.

Ich war erstaunt, als ich herausfand, daß man oft Ängstlichkeit in Zutrauen wandeln kann, wenn man die Haltung eines Pferdes, das nicht im Gleichgewicht steht, durch geduldige Arbeit verändert. Was wie ein Persönlichkeitsproblem aussah, verschwindet einfach.

13. Beachten Sie, daß Fjodors Vorderbeine hinter der Senkrechten stehen und seine Hinterbeine leicht rückständig sind.

Schweifarbeit für das Selbstvertrauen

Mir ist oft aufgefallen, daß ängstliche Pferde und Pferde mit wenig Selbstvertrauen ihren Schweif sehr verspannt festhalten, ihn manchmal fest gegen den Körper klemmen oder ihn dicht am Körper tragen. Im Herdenverband hat normalerweise ein Pferd, das seinen Schweif festhält, wenig Selbstvertrauen und ist in der Herdenhierarchie in einer rangniederen Position. Solch ein Pferd wird leicht als ängstliche Persönlichkeit abgetan, aber erstaunlicherweise ist dieser Mangel an Selbstvertrauen nicht unbedingt eine bleibende Eigenschaft. Verblüffenderweise können Sie die Einstellung des Pferdes verwandeln, indem Sie am Schweif arbeiten und die Art und Weise, in der das Pferd den Schweif in bezug zum Körper hält, verändern.

Ich habe viele Fälle gesehen, bei denen Schweifarbeit erfolgreich das Selbstvertrauen steigerte. Mein liebstes Beispiel ist aber Ibn Sharaf, ein wundervoll durchgezüchteter zweijähriger graurosa Araberhengst auf Hof Schimmelberg in Deutschland.

Ibn Sharaf wurde von Heinz Maltz, einem erfolgreichen Araberzüchter in der Nähe von München, als Deckhengst gezüchtet. Heinz bat mich zu kommen und mir seinen Junghengst anzusehen, weil er ihm Sorgen machte. Er stand in der Rangordnung der Herde weit unten und zeigte nicht das Feuer, die Präsenz und das Selbstvertrauen, das für einen Zuchthengst nötig ist

Als erstes fiel mir an Ibn auf, daß er den Schweif sehr nahe am Körper hielt und ihn nicht so elegant und hoch trug, wie es für einen jungen Araber normalerweise typisch ist. Ich bat Heinz, das Pferd für mich zu fangen und es zu halten, während ich mit ihm arbeitete. Der junge Hengst stand ruhig da, während ich seinen Schweif nahm und ihn Wirbel für Wirbel bearbeitete. Ich stand neben der Hinterhand, hielt seinen Schweif mit beiden Händen nach oben gewölbt und machte so Kreise zuerst in die eine und dann in die andere Richtung. Dann zog ich den Schweif von hinten und ließ ihn langsam wieder los (siehe Seite 176). Die gesamte Lektion dauerte etwa sieben Minuten.

Als wir Ibn Sharaf wieder zur Herde ließen, benahm er sich wie ein ganz anderes Pferd. Sein Schritt federte mehr, und er trug seinen Schweif hoch gewölbt. Nun sah er wirklich aus wie der „Ibn" oder Sohn seines eleganten Vaters Sharaf. Dazu kam noch, daß der junge Hengst sich zu meiner völligen Verwunderung in den folgenden Monaten in der Rangordnung der Herde nach oben bewegte. Seine gesamte Haltung, sein Selbstbild und seine Position in der Herde hatten sich verändert. Er hatte Selbstvertrauen gewonnen.

Die Rolle der Extremitäten

Es gibt noch andere Aspekte des Gebäudes, die die Persönlichkeit beeinflussen können: die Winkelung der Schulter, der Fesseln und des Hufs. Wenn der Winkel vom Widerrist zum Buggelenk nicht mit der Winkelung von der Mitte der Fessel durch den Huf übereinstimmt (siehe Abb. 1, Seite 97), kann es zu Schmerzen im Rücken, den Schultern, den Beinen und den Hufen kommen. Sie können Ihnen einen Hinweis auf Verhaltensweisen geben, die nicht mit den Merkmalen des Pferdekopfs übereinstimmen.

Ich habe einige Araber und Vollblüter mit diesem Merkmal gesehen, die sehr nervös, reizbar und unkooperativ reagierten. Quarter Horses dagegen reagieren genau umgekehrt. Sie finden sich mit den Schmerzen ab und neigen dazu, langsamer zu werden. Als Resultat werden sie fälschlicherweise oft für faul gehalten. In all diesen Fällen zeigen die Pferde ein ungewöhnliches Verhalten, weil sie aufgrund fehlerhafter Beine und Hufe am ganzen Körper Schmerzen haben. Deshalb ist es wichtig, daß Sie unbedingt die Beine eines Pferdes ansehen, wenn Sie seine Persönlichkeit beurteilen. Vielleicht finden Sie hier die Erklärung für ein ansonsten rätselhaftes Verhalten.

Es gibt viele gute Bücher über die ideale Winkelung der Hufe. Ich glaube, es ist der Mühe wert, sich Wissen zu diesem Thema anzueignen.

Die Vorteile des positiven Vorstellungsvermögens

Während Sie mit einem Pferd arbeiten, verlieren Sie vielleicht manchmal den Mut und denken: Ach Gott, er (sie) wird sich nie ändern, oder: Das scheint ja alles überhaupt keine Wirkung zu haben. Ich weiß, daß sich jeder manchmal so fühlt – mir ist es selbst schon so gegangen. Sie können Ihre Ausbildungsmethoden jedoch verbessern, wenn Sie Ihre negative Perspektive mit einem positiven geistigen Bild vertauschen.

Es gibt genügend Beweise, daß geistige Bilder die körperlichen physikalischen Leistungen beeinflussen. In jeder Sportart ist die positive Vorstellungskraft ein anerkanntes Mittel zum Erfolg geworden. Als sich die bestätigten Fälle häuften, hat auch die Medizin die verwandelnden Kräfte des Vorstellungsvermögens und ihre wohltuende und manchmal wundersame Wirkung auf Krankheiten anerkannt.

Unsere Erwartung hat großen Einfluß auf das Ergebnis unserer Bemühungen. Ich habe schon oft bei der Arbeit mit Pferden beobachtet, daß sie positiv oder negativ reagieren, je nachdem, wie wir sie wahrnehmen.

Wenn Sie mit Ihrem Pferd arbeiten, können Sie seine Leistungen verbessern, wenn Sie es sich so vorstellen, wie Sie es gern haben möchten. Vielleicht werden Sie freudig überrascht sein, wenn Sie feststellen, welch ungeheure Wirkung Ihre Erwartung zeigt und wie sie die Veränderung der Persönlichkeit Ihres Pferdes beschleunigt und beeinflußt.

Kapitel 2

Schmerzen und Wunden

Im Jahr 1982 kam ich nach Würzburg, die schöne Stadt am Main, um dort meine TTEAM-Methode des Ausbildens und Reitens vorzustellen. Während meines Aufenthalts traf ich eine reizende Tierärztin, die mich zum Abendessen mit ihrer Familie einlud. Wie nicht anders zu erwarten, kamen wir im Gespräch mit ihrem Mann, ebenfalls einem Tierarzt, nach einer Weile auf meine TTEAM-Methode. Ich interessierte mich besonders für seine Beschreibung eines Polenpferdes, das er wegen Lahmheit behandelte und das seiner Aussage zufolge einen sehr schwierigen Charakter hatte.

„Das ist genau das richtige Pferd für deine Arbeit, Linda", sagte er mit einem skeptischen Lächeln. „Das Pferd duldet niemanden in seinem Stall. Es ist so aggressiv, daß man es keine Sekunde aus den Augen lassen kann. Sobald man ihm auch nur für eine Sekunde den Rücken kehrt, beißt es zu."

Am nächsten Tag ging ich den Wallach besuchen. Ich blieb vor seiner Box stehen und sah ihn mir an, während er mich ansah. Sein Kopf war lang und schmal und deutete auf ein Pferd hin, das willig ist, vorausgesetzt, es erhält klare Anweisungen. Seine Ohren waren schmal und nicht sehr gut ausgebildet; sie ließen auf ein möglicherweise etwas wetterwendisches Naturell schließen. Auch seine Nüstern waren schmal, was von langsamem Denken zeugte. Trotzdem war aber der Augenausdruck des Pferdes vernünftig. Für mich hatte er nicht die Art von hitziger Persönlichkeit, die ich mit einem übermäßig aggressiven und gefährlichen Pferd verbinde.

Als ich meinen Freund um die Erlaubnis bat, zu dem Pferd in den Stall zu gehen, schüttelte er den Kopf und murmelte so etwas wie „Herzlich willkommen!"

Ich ging ruhig und ohne vorgefaßte Meinung hinein, denn die meisten Tiere, die Angst und Besorgnis spüren, spiegeln sie uns natürlicherweise gleich wider. Statt dessen projizierte ich eine Einstellung, die fragte: „Was ist denn nur los mit dir? Würdest du mir bitte die Erlaubnis geben, deinen Körper zu untersuchen?" Das schien zu funktionieren. Obwohl er am Anfang verspannt und reizbar war, beruhigte sich der Wallach so weit, daß ich ihn untersuchen konnte. Ich stellte mit Erstaunen fest, daß er nicht nur lahm war, sondern auch ausgesprochen empfindlich auf die leichteste Berührung reagierte und am ganzen Körper Schmerzen hatte.

Als ich mir sein Gebäude ansah, verstand ich den Grund. Seine Fesseln waren kurz und steil, er hatte eine sehr steile Schulter, und die Winkelung der Schulter war verschieden von der der Fessel, was es ihm schwermachte, das Reitergewicht zu tragen.

Nachdem ich ihn untersucht hatte, bearbeitete ich seinen ganzen Körper mit dem TTouch, und es war wundervoll zu sehen, wie sich seine gesamte Einstellung veränderte.

Nach einstündiger Behandlung fing er an sich zu entspannen und hörte auf zu beißen und zu schlagen. Das aggressive Verhalten dieses Pferdes rührte nicht von einer defekten Persönlichkeit, sondern von Schmerzen her. Der Tierarzt war verblüfft. Die Verbindung von Schmerz und dieser Art von aggressivem Verhalten stellte für ihn ein neues Konzept dar.

Schmerzen im Körper des Pferdes und die damit zusammenhängende Angst, die sich als Aggression ausdrückt, Widersetzlichkeit und andere reflexartige Reaktionen sind oft auch das Ergebnis von Übungen und Lektionen, die wir von unseren Pferden verlangen. Manchmal ist etwas am Reitstil oder an der speziellen Sportart – wie Springen, Dressur, Distanzreiten, verschiedene Westerndisziplinen – und ihren speziellen Anforderungen nicht geeignet für die Art von Gebäude eines bestimmten Pferdes und beansprucht es geistig und/oder körperlich zu sehr. Manchmal kann sich ein Pferd auch Muskelzerrungen oder Muskelschmerzen aufgrund von Überanstrengung zuziehen, sei es, daß es vor der versammelten Arbeit nicht genügend aufgewärmt wurde oder daß es in zu stark versammelter Haltung geritten wurde ohne die Möglichkeit, den Kopf zu senken und den Hals zu strecken.

Dieses Strecken der Hals- und Nackenmuskeln ist wichtig. Wenn ein Pferd über längere Zeit hinweg in einer übermäßig versammelten Haltung geritten wird, werden seine Halsmuskeln nicht mehr richtig durchblutet und verlieren an Elastizität. Etwa zwei Handbreit hinter den Ohren liegt ein Akupunkturpunkt für die Blutzufuhr zum Gehirn. Wenn die Nackenmuskeln sich zusammenziehen, ist die Blutzirkulation zum Gehirn unterbrochen, was sich unter anderem in Schmerzen auswirkt. Dadurch kann ein Pferd widerspenstig, aggressiv oder störrisch werden.

Dies war der Fall bei einem Dressurpferd namens Buket, einem russischen Vollblüter, mit dem ich im Bista-Sportzentrum in Moskau arbeitete. Das Bista-Pferdezentrum wurde 1980 für die Olympischen Spiele gebaut und später als Trainingszentrum für Pferde und Reiter aller Disziplinen und Ausbildungsstufen genutzt. Es ist eine große Anlage mit zwei Hallen, eine Abreitehalle und eine riesige Turnierhalle mit Sitzen für zweitausend Zuschauer und einem acht Meter hohen Buntglasfenster an einem Ende.

Ich war auf Einladung von Dr. Nina Kanzina, der leitenden Tierärztin von Bista, nach Moskau gekommen, um dort mit der

Olympiamannschaft zu arbeiten. Wir amüsierten uns köstlich, während wir, jeder ein Lexikon in der Hand, versuchten, die Sprachbarrieren zu überwinden. Sobald wir aber begannen, mit unseren Händen an den Pferden zu arbeiten, sprachen wir natürlich eine internationale Sprache.

Buket, ein brauner Wallach, der von dem Olympiateilnehmer Yuri Kovshov geritten wurde, war ein erfolgreiches und kooperatives Pferd gewesen, bis er sich ohne ersichtlichen Grund vollständig veränderte und jedesmal buckelte, wenn man von ihm einen fliegenden Galoppwechsel verlangte. Buket hatte einen hübschen, intelligenten Kopf ohne Spinnerhubbel – nichts, was auf ein widerspenstiges oder unzuverlässiges Wesen schließen ließ.

Umfassende tierärztliche Untersuchungen hatten keinen Grund für sein explosives Verhalten finden können, also lautete die Diagnose: einfach widersetzlich. Bukets Reiter befolgte die in solchen Fällen üblichen Methoden und bestrafte ihn mit Peitsche und Sporen – ohne Erfolg.

Als ich Bukets Körper auf Verspannungen und Schmerzen hin untersuchte, fand ich eine Stelle links unter dem Hinterzwiesel. Als ich den Bewegungsradius von Bukets Beinen untersuchte, stellte ich fest, daß er sein linkes Hinterbein nur in einem Kreis von etwa zehn Zentimetern bewegen konnte und auch sein rechtes Hinterbein viel steifer war, als es sein sollte.

Als ich ihn unter dem Reiter beobachtete, sah ich, daß das Pferd sogar im Schritt Schmerzen zeigte. Nach fünf Minuten unter dem Sattel war er mit weißem, schaumigem Schweiß bedeckt und hatte eine Frequenz von achtzig Atemzügen pro Minute (normalerweise liegen die Werte im Schritt bei dreißig Atemzügen pro Minute). Sogar am hingegebenen Zügel hielt Buket den Kopf hinter der Senkrechten, das Ergebnis von zuviel versammelter Arbeit ohne irgendeine Möglichkeit, sich zwischen den Übungen zu strecken.

All diese Punkte zusammengenommen gaben mir eine Erklärung für Bukets widerspenstiges Verhalten. Um beim Korrigieren dieses Problems zu helfen, arbeitete ich das Pferd gemeinsam mit Copper Love, einer Freundin und TTEAM-Lehrerin, die in Moskau meine Assistentin war. Drei Wochen lang ritt ich Buket und wandte eine Vielzahl von Übungen im Sattel und vom Boden aus an, um seine verspannten Muskeln zu entspannen. Zweimal am Tag arbeitete Copper mit den TTouches an seinem Körper. Yuri setzte diese Arbeit dann fort, was auch beinhaltete, daß er Buket mit einem Lindel (einer gebißlosen Zäumung) ritt. Neun Monate später wurde Yuri mit Buket (der wie neugeboren war) bei der Weltmeisterschaft in Toronto elfter. Bukets fliegende Galoppwechsel waren exzellent, und es war eine besondere Wohltat, die außergewöhnlich gute Partnerschaft dieses russischen Pferdes mit seinem Reiter zu sehen.

Ich habe mit vielen Fällen wie dem von Buket gearbeitet, wo das Reiten in einer übertriebenen Versammlung ohne das angemessene Strecken zu etwas führt, das manche Leute dann als Persönlichkeitsproblem ansehen. Die klassische Dressur legt großen Wert darauf, den verkürzten Hals- und Rückenmuskeln die Möglichkeit zu geben, sich wieder zu entspannen. Auf meinen Reisen um die Welt, auf denen ich mit Dressurpferden und -reitern höherer Leistungsklassen gearbeitet habe, habe ich aber festgestellt, daß die Leute zwar von einer Dehnungshaltung des Pferdes sprechen, ihren Pferden in Wirklichkeit aber keine vollständige Streckung erlauben. So können sich die Muskeln nicht entspannen und wieder mit Sauerstoff anreichern. Das Resultat: Die Muskeln des Pferdes werden immer kürzer und verspannter, bis schließlich die Durchblutung und die Atmung beeinträchtigt sind. Das Pferd wird sauer, beginnt zu buckeln oder widersetzt sich auf andere Weise.

Pferde buckeln aus verschiedenen Gründen, aber selten, weil sie „geborene Verbrecher" sind. Vor einigen Jahren arbeitete ich mit einem peruanischen Hengst namens Bravo, einem jungen Pferd, das sehr gut auf das Einreiten vorbereitet worden war. Eine Analyse seines Kopfes ergab, daß er einen beständigen, verläßlichen Charakter hatte, aber er buckelte jedesmal, wenn jemand aufsaß, manchmal schon beim Aufsitzen, manchmal nach den ersten paar Schritten.

Wie viele andere Menschen auch hatte ich anfangs gelernt, ein solches Pferd als „störrischen" Charakter zu betrachten, dem man das Buckeln „austreiben" mußte. In meinen frühen Jahren als angehende Ausbilderin hatte ich jede Menge Übung darin gehabt, diese Art Pferd mit der Peitsche zu bearbeiten. Die Methode hat jedoch einige deutliche Nachteile: Erstens muß man dazu sehr gut reiten können, zweitens widersetzt sich das Pferd oft nur um so mehr und entwickelt dazu die Tendenz, neue Reiter zu testen, und was das Wichtigste ist: Diese Methode ist völlig unnötig und verhärtet nur das Herz des Reiters.

Inzwischen ist mir klargeworden, daß es nicht nur mein Verständnis für Pferde beeinflußt, wenn ich mich mit den tieferen Gründen des Pferdeverhaltens beschäftige, sondern daß es auch mein eigenes Leben berührt. Es ist faszinierend, jedes Problem, ob es nun Pferde oder Menschen betrifft, als Gelegenheit zum Lernen anzusehen. Probleme mit dieser inneren Haltung anzugehen hält meinen Geist wach und entwickelt eine grundsätzliche Freundlichkeit und ein Einfühlungsvermögen, das sich auf meine Einstellung sowohl Menschen als auch Pferden gegenüber überträgt.

Bei Bravo ergab meine Untersuchung seines Körpers, daß seine Kniegelenke sehr locker waren. Jedesmal wenn er sich mit dem Reiter auf seinem Rücken vorwärtsbewegte, brachte ihn das Gewicht des Reiters aus dem Gleichgewicht, was ein knirschendes Gefühl in seinen lockeren Kniegelenken verursachte. Dieses plötzliche Gefühl erschreckte ihn so, daß er buckelte.

Ihn zu bestrafen hatte sich bereits als nutzlos erwiesen, wie mir der Besitzer sagte. Ich schlug vor, mit dem Pferd zu arbeiten mit dem Ziel, ihm seine Kniegelenke bewußt zu machen, ehe der Reiter aufsaß, und ihm so die Angst vor dem Knirschen zu nehmen. Wir arbeiteten eine Woche lang jeden Tag mit ihm,

Schmerzen und Wunden 127

ließen ihn langsam und ruhig rückwärtsgehen, hoben seine Hinterbeine an, führten sie kreisförmig in der Luft herum und arbeiteten mit den TTouches um die Kniegelenke herum. Am Ende der Woche hat er ein ganz anderes Bewußtsein dieser Bereiche, und als der Tag kam, an dem wir wieder in den Sattel stiegen, war alles in Ordnung. Die Kniegelenke knacksten noch immer, aber dieses Gefühl machte Bravo nun keine Angst mehr. Er konnte jetzt seinen Reiter ruhig und mit Selbstvertrauen tragen.

Wenn junge Pferde beim ersten Satteln nicht auf das Gewicht auf dem Rücken und den Druck in der Gurtenlage vorbereitet sind, ist es nicht ungewöhnlich, daß sie einen Sattelzwang entwickeln und explodieren, buckeln oder versuchen, sich hinzulegen. Viele Pferde sind von Geburt an hinter den Ellenbogen verspannt und kitzelig. Die einfachste Art, dieses Problem zu lösen, besteht nicht darin, die Pferde unempfindlich zu machen, sondern darin, sie durch sanfte TTouches in der gesamten Gurtenlage (siehe Seite 157) auf das Satteln vorzubereiten.

Dieses „TTouching" befreit von Verkrampfungen und Verspannungen, bringt neues Bewußtsein von unbedrohlichem Kontakt in diesen Bereich und gibt dem Pferd die Möglichkeit zu lernen, bei der Berührung zu atmen.

Ich will damit nicht sagen, daß man alle Pferdeprobleme so leicht lösen kann. Und, wie ich schon im vorangegangenen Teil dieses Kapitels erwähnte, stellen Sie möglicherweise fest, daß Sie den falschen Pferdetyp für Ihre Zwecke haben.

Ein Beispiel dazu: Ich gab einmal ein Seminar am Hauptsitz des U. S. Equestrian Teams (in Gladstone, New Jersey). Eine Grand-Prix-Dressurreiterin bat mich, ein Pferd anzuschauen, das bei Dressurlektionen der höheren Klasse Schwierigkeiten machte. Die Reiterin wollte wissen, was sie mit der Stute tun sollte – weiter üben oder verkaufen.

Offensichtlich dachte die Reiterin, das Pferd, ein Warmblut von ca. 165 cm Stockmaß, habe einfach eine schlechte Einstellung und widersetze sich absichtlich, um sich vor der Arbeit zu drücken. Sie glaubte, dieses Problem mit mehr Druck lösen zu können, aber je mehr Druck man der Stute machte, desto widersetzlicher wurde sie.

Als ich mir aber den Kopf der Stute anschaute, sah ich keine Merkmale, die auf ein störrisches oder eigensinniges Naturell schließen ließen. Die Stute hatte einen klassisch schönen Kopf, ein gerades Profil, die Ohren an den Spitzen weiter auseinanderstehend als an der Basis, und ein großes, schönes Auge – alles Anzeichen für ein Pferd mit einer angenehmen Persönlichkeit. Ich fragte mich, was hier wohl los war.

Ich bemerkte auch, daß das Pferd einen kürzeren und schwereren Hals hatte, als man normalerweise bei einem Pferd für höhere Dressurklassen als ideal betrachtet. Als ich die Stute genauer untersuchte, stellte ich fest, daß ihr Mähnenkamm so unbeweglich und hart wie ein Brett war und ihr sehr weh tat. Das Problem lag in ihrem Gebäudetyp. Sie war durchaus gut gebaut und hatte große sportliche Fähigkeiten, aber ihr Hals war einfach nicht für die Versammlung geeignet, die in den höheren Dressurklassen verlangt wird. Ich riet ihrer Reiterin, sich nicht darauf zu versteifen, diese Stute in der Spitzenklasse zu reiten, sondern sie in aller Güte an einen weniger erfahrenen Reiter zu verkaufen, der sie auf einem weniger anspruchsvollen Niveau reiten könnte, wo wesentlich weniger Versammlung verlangt wird. Die Stute würde sich so wohler fühlen und könnte von großem Nutzen für jemanden sein, der gern von einem erfahrenen Pferd etwas lernen wollte.

Das Entwickeln unerwünschter, schwerer Halsmuskulatur gerade vor dem Widerrist scheint eine Berufskrankheit von Dressurpferden zu sein. Wenn das der Fall ist, explodieren Pferde oft, widersetzen sich oder buckeln, wenn man von ihnen eine versammelte Haltung verlangt. Am besten forciert man dann solch ein Pferd zunächst nicht weiter, sondern bemüht sich, dieses Gebiet durch Wärmebehandlungen und verschiedene TTouches weicher zu machen.

Die Warmblutstute war die Art von Pferd, die auf Schmerz mit dem „Kampf"-Reflex reagiert: Sie widersetzte sich, wenn man von ihr Versammlung verlangte. Ein anderes Mal wurde ich zu einem irischen Vollblut gerufen, das in der gleichen Situation mit dem „Flucht"-Reflex reagierte. Kildare wurde in einer überversammelten Dressurhaltung geritten. Sein Reiter trieb ihn mit Sitz und Schenkeln kräftig gegen einen sehr kurz gehaltenen Zügel. Leider war Kildare einfach nicht für diesen Grad von Versammlung gebaut und ging regelrecht durch, weil er versuchte, dem Schmerz zu entkommen.

Reiter sollten wissen: Wenn ein Pferd Schmerzen hat oder die Luft anhält, weil man zuviel von ihm verlangt, indem man es mit Sitz und Schenkeln gegen eine aushaltende oder starre Hand treibt, oder wenn der Reiter das Pferd auf andere Art und Weise körperlich überfordert, bleibt dem Pferd oft keine andere Wahl, als sich zu widersetzen, zumindest indem es den Schweif verdreht, mit dem Kopf schlägt oder schlimmstenfalls buckelt, völlig außer Kontrolle gerät und durchgeht.

Kapitel 3

Gesundheit und Umwelt

Haben Sie schon einmal jemanden, dem es nicht gutgeht, sagen hören: „Heute bin ich ein bißchen krank und gar nicht richtig ich selbst"? Wir kennen alle das Gefühl, wenn wir wenig Energie haben oder wenn wir eine Grippe oder einen Schnupfen bekommen.

Unser gesundheitliches Wohlbefinden beeinflußt unsere Persönlichkeit, und Pferden geht es ganz genauso. Die Qualität des Futters, das Training und die Lebensverhältnisse haben einen enormen Einfluß auf ein Pferd.

Das Futter

Das Futter ist ein komplexer und schwer festzulegender Faktor, denn die falsche Mischung oder zuviel oder zuwenig können die natürlichen Reaktionen eines Pferdes verzerren. Man muß die Größe des Pferdes, sein Training und das Können seines Reiters in Betracht ziehen, wenn man entscheidet, wieviel Kraftfutter man füttern soll.

Als ich in einem Sportclub in Mexico City unterrichtete, sah ich an einem extremen Beispiel, was passieren kann, wenn man diese Faktoren falsch kombiniert.

Ich arbeitete dort fast ausschließlich mit Springpferden, meistens Vollblüter, aber auch Warmblutpferde. Eines davon, ein Schimmelpony der Juniorenklasse von etwa 145 cm Stockmaß, galt als widerspenstig und sogar gefährlich. Seine Reiterin war eine unerfahrene, ziemlich unsichere Fünfzehnjährige, und das Pferd war schon mehrere Male mit ihr durchgegangen. Der Wallach, der vom Boden aus sehr gut erzogen, aber unter dem Sattel explosiv war, wurde mit einer Aufziehtrense und einem Martingal geritten. Sogar im Schritt wurde er so kurz gehalten, daß seine Nase genau fünfzehn Zentimeter von seiner Brust entfernt war.

Sein Kopf deutete auf mittlere Lernfähigkeit hin, mit einem leichten „Starrsinns"-Hubbel unter den Augen, aber er hatte wirklich keinerlei Merkmale, die sein gefährliches Verhalten und seine Tendenz zum Durchgehen erklärten.

Er hatte keine schmerzenden oder empfindlichen Stellen im Rücken, die der Auslöser für sein Durchgehen hätten sein können, und so benutzte ich ein Lindel über der Wassertrense und stieg auf, um das Problem von Sattel aus anzugehen. Obwohl er mir nicht gerade durchging, war er immer noch zu schnell. Er buckelte ein paarmal, nicht um mich abzuwerfen, sondern mehr aus einem Überschuß an Energie.

Er beruhigte sich ziemlich schnell, nachdem er das Unbehagen, das durch die übermäßige Versammlung und die unsichere Reiterin verursacht wurde, los war. Deshalb begann ich zu vermuten, daß es sich hier um einen Fall von Überfütterung mit Hafer und nicht um ein Persönlichkeits- oder Verhaltensproblem handelte. Tatsächlich stellte sich heraus, daß er täglich zwölf Pfund Hafer bekam, die gleiche Ration wie die anderen Pferde im Stall – nur daß diese Warmblüter mit einem Stockmaß von 170 cm und mehr waren. Ich schlug vor, die Haferration des Pferdes auf ein bis zwei Pfund pro Tag zu kürzen, was dieses „unverbesserliche" Pferd in einen passenden und zuverlässigen Partner für seine junge Reiterin verwandelte.

Bei einem anderen Fall war die unpassende Fütterung nicht die einzige Ursache für die Probleme des Pferdes. Red Fox, ein Quarter Horse von 150 cm Stockmaß, war ein herrlicher Fuchswallach, dessen normaler Wert in diesen Tagen mindestens 1.500 Dollar betragen hätte. Trotzdem hatte ich das Glück, ihn für nur 350 Dollar für die Reitschule unserer Pacific Coast Equestrian Research Farm erwerben zu können.

Warum dieser Billigpreis? Weil er mir als Durchgänger beschrieben wurde. Und warum kaufte ich ihn trotzdem? Nachdem ich seinen Kopf analysiert, sein Gebäude begutachtet und sein Futterprogramm untersucht hatte, war ich mir sicher, daß er genau der Richtige für uns war.

Er war ein Pferd mit einem wirklich guten Kopf. Das gerade Profil, die großen Nüstern, die großen Ganaschen und die gut angesetzten Ohren ließen auf ein intelligentes Pferd mit einem beständigen Charakter schließen. Dazu war er noch sehr gut gebaut. Aber ich fand heraus, daß das Pferd in seinem Stall eingesperrt gewesen war, jeden Tag nur eine Stunde hinaus durfte und unregelmäßig geritten wurde. Dazu kam noch, daß man ihm jeden Tag vier Pfund Hafer fütterte, ein Übermaß an Energie für ein Pferd mit so wenig Bewegungsmöglichkeit.

Nach Beendigung meiner Analyse ging ich das Risiko ein und kaufte Red Fox.

Wir veränderten sein Futter- und sein Trainingsprogramm radikal, sobald er auf der Farm angekommen war. An Tagen, an denen er nicht zwei bis drei Stunden geritten wurde, ließen wir ihn auf die Koppel.

Außerdem beschränkten wir Red Fox' Kraftfutterration auf zwei Pfund pro Tag – ein Pfund Hafer und ein Pfund gequetschte

Gerste, eine gute Quelle „ruhiger" Energie. Innerhalb einer Woche veränderte sich Red Fox' Laune völlig. Er entspannte sich, wurde ruhig und kooperativ. Später wurde dieser angebliche Durchgänger eines unserer besten Schulpferde, gewann sowohl „Western Pleasure"- als auch „Hunter"-Prüfungen und plazierte sich auch sehr gut in Dressurprüfungen bis Klasse L.

In den letzten fünfzehn Jahren sind mir immer wieder Pferde begegnet, die regelrechte Raketen waren. Später stellte sich dann heraus, daß ihre Unrittigkeit sich auf eine allergische Reaktion auf Getreide zurückführen ließ. Sobald man ihnen kein Getreide mehr fütterte, veränderten sie sich völlig. Man kann diese allergischen Reaktionen mit dem Verhalten eines Kindes vergleichen, das zuviel Zucker gegessen hat, oder mit der Reaktion von Menschen, die auf Weizen allergisch sind.

Auch die Überfütterung mit Vitaminen kann zuviel Energie und damit Verhaltensprobleme erzeugen. Ich erinnere mich an den Fall eines Pferdes, das ein „Engergiezusatzfutter" bekam und seinen Reiter ständig abwarf. Das hatte in dem Augenblick ein Ende, als das Zusatzfutter gestrichen wurde.

Viele Tierärzte sind der Meinung, daß Pferde, die nur leicht arbeiten, keine Vitamine brauchen. Ich habe aber viele träge und sogenannte faule Pferde gesehen, denen es sehr gut tat, Vitamine zusätzlich zu ihrem Kraftfutter zu bekommen.

„Du bist, was du ißt" ist für Pferde genauso wahr wie für Menschen.

Parasiten

Pferde, die faul zu sein scheinen, sind unter Umständen gar nicht träge von Natur aus, sondern leiden vielleicht nur unter den schwächenden Auswirkungen von Parasiten. Oft denken Besitzer, die ihre Pferde regelmäßig entwurmen, gar nicht an Parasiten als mögliche Ursache für Faulheit.

Aber auch wenn man seine Pferde viermal im Jahr entwurmt, heißt das noch lange nicht, daß sie wurmfrei sind. Auf der Pacific Coast Equestrian Research Farm haben wir festgestellt, daß Pferde täuschend gesund, fett und glänzend aussehen können, obwohl sie völlig verwurmt sind. Solche Pferde sind oft ausgesprochen lethargisch. Der Sohn meiner unvergeßlichen Distanzstute Bint Galida war als Zweijähriger stark verwurmt, obwohl er von Geburt an alle drei Monate entwurmt worden war, genau wie seine Mutter. Weil er einen leicht aufgeblähten Bauch hatte und nicht so lebhaft war, wie er hätte sein sollen, vermuteten wir Wurmbefall als Ursache. Wir baten den Tierarzt, eine Stuhlprobe zu untersuchen. Tatsächlich hatte er immer noch Würmer und wurde unter tierärztlicher Aufsicht nochmals gründlich entwurmt, wobei wir die Schlüpfzeiten der Larven berücksichtigten.

Es ist sehr wichtig, daran zu denken, daß Ihr Pferd Würmer

Oben: Blue, eine Zugpferdstute, verbringt ihr Leben glücklich und gesund mit ihrem besten Freund, einem Esel.

Unten: Dieser Islandponyhengst wurde allein gehalten. Er war sehr unfreundlich, bis er von einem Kätzchen adoptiert wurde. Seit sie stundenlang miteinander spielen, ist er ganz ausgeglichen.

haben könnte, wenn es etwas träge ist oder schlecht aussieht – auch wenn Sie es regelmäßig entwurmt haben –, ehe Sie annehmen, daß seine mangelnde Energie ein Zeichen seines faulen Charakters ist.

Bewegung und Gesellschaft

Viele Leute wissen nicht, daß ihre Pferde Bewegung brauchen, um sich wohlzufühlen, und zwar nicht nur unter dem Sattel, sondern auch frei auf der Weide. Sie brauchen einen Freund, mit dem sie spielen können, und einen schattigen, windgeschützten Platz.

Zu leicht wird vergessen, daß Pferde Wesen mit einem Nervensystem und einem Gehirn sind und genau wie wir sowohl emotionale als auch körperliche Bedürfnisse haben.

Pferde, die allein eingesperrt werden, reagieren genauso wie wir unter denselben Umständen: Manche werden depressiv und lethargisch, während andere neurotische Untugenden wie Weben, Koppen und ständiges Auf- und Ablaufen entwickeln.

Wenn Sie nur ein Pferd haben, braucht es unbedingt die Gesellschaft eines anderen Tieres, ob es nun eine Ente, eine Katze, ein Hund oder sogar etwas so Exotisches wie etwa ein Lama ist. Ein zweites Pferd ist ideal, aber ich habe Pferde gekannt, die sich bestens mit einem Esel, einem Schaf, einer Gans und sogar einem Kätzchen befreundet haben. Auf der Rennbahn war es zu den Zeiten meines Großvaters durchaus üblich, daß ein Boxenpferd eine Ziege zur Gesellschaft hatte. Pferde sind soziale Wesen. Wenn sie allein aufwachsen oder zuviel Zeit allein verbringen, leidet ohne Zweifel ihre Persönlichkeit darunter.

Falls Sie keinen Freund für Ihr Pferd haben, stellen Sie ihm als Gesellschaft ein Radio oder einen Kassettenrecorder in die Nähe, aber wählen Sie unbedingt die Musik oder den Radiosender sorgfältig aus. Sie werden feststellen, daß ein lethargisches Pferd zwar schwungvolle Rock-'n'-Roll-Rhythmen durchaus zu genießen scheint und durch sie etwas mehr Energie bekommt, aber für ein nervöses Pferd eignet sich beruhigende Musik besser. Ich bin davon überzeugt, daß Gesellschaft für Ihr Pferde einen merklichen Unterschied machen wird.

Der Stall

Pferde brauchen genau wie Menschen Anregung durch andere Menschen und ein Gefühl von Zugehörigkeit. Es ist viel besser für die Einstellung eines Pferdes, wenn sein Stall ihm ein Zuhause ist, wo es den Kopf aus dem Fenster strecken und sehen kann, was in der Umgebung geschieht, wo es andere Pferde und sogar spielende Kinder und arbeitende Menschen beobachten kann.

Pferde sind von Natur aus Herdentiere. Weil wir aber Angst haben, daß sie sich selbst oder andere verletzen könnten, und weil wir oft keine große Auswahl an Unterbringungsmöglichkeiten haben, müssen viele Pferde so leben, daß sie niemals ihre Zähne gebrauchen können, um einem Freund den Rücken zu kratzen, oder Kopf an Schweif stehen können, um sich gegenseitig die Fliegen aus dem Gesicht zu wedeln.

Auch wenn Ihre einzige Möglichkeit ein Stall ist, in dem die Pferde nicht nach draußen schauen können und wo keine Möglichkeit zu Koppelgang besteht, gibt es einige Dinge, die einen großen Unterschied machen können. Sorgen Sie dafür, daß Stuten und Wallache wenigstens ihren Kopf über eine Boxentür hinaushängen können – ob nach drinnen oder nach draußen, ist weniger wichtig, sie darf nur nicht entmutigend hoch sein. Wenn die Stalltür zu hoch für die Größe Ihres Pferdes ist, können Sie Geist und Persönlichkeit Ihres Pferdes dadurch lebendig erhalten, daß Sie die Türöffnung nur mit einem Balken sichern und die Tür tagsüber offen lassen.

Auch die Größe der Box macht sehr viel aus. Oft werden Architekten, die nichts von Pferden verstehen, mit dem Entwurf von Pferdeställen beauftragt. Aus ökonomischen Gründen versuchen sie Platz zu sparen, ohne die geistigen, körperlichen und emotionalen Bedürfnisse eines Pferdes in Betracht zu ziehen. Ich sehe oft Boxen von drei auf drei Meter Größe. Für ein Pferd unter 150 cm Stockmaß mag das zwar noch genügen, aber für größere Pferde sind sie viel zu eng. Sie passen in eine solche Box nur diagonal hinein, den Kopf in einer und den Schweif in der anderen Ecke. Wenn Sie können, bauen Sie Ihre Boxen besser vier auf vier Meter groß.

Ich habe in Europa einige funktionierende Ställe gesehen, bei denen die Trennwand zwischen den Boxen nur eine Höhe von etwa 120 cm hatte, ohne eine Abgrenzung aus Draht darüber. So können die Pferde soziale Kontakte pflegen. Natürlich muß man darauf achten, nur Freunde nebeneinander aufzustallen. Falls Sie einen Stall mit einer durchgehenden Holztrennwand haben und befürchten, daß die Pferde sonst aufeinander losgehen, können Sie einen etwa zehn Zentimeter breiten Spalt in Augenhöhe öffnen, damit die Pferde sich zumindest sehen können.

Drahtgitter oder Balken über der Holzwand sind einer durchgehenden Trennwand unbedingt vorzuziehen. Meiner Meinung nach haben Boxen mit Metallwänden, wie ich sie gelegentlich im Westen der Vereinigten Staaten gesehen habe, ausgesprochen negative Auswirkungen sowohl auf das Verhalten als auch auf die Persönlichkeit eines Pferdes. Diese Trennwände erzeugen ein seltsames Geräusch, wenn ein Pferd dagegenstößt oder -tritt. Und weil sie nicht atmungsaktiv sind, halten sie auch die Feuchtigkeit in den Ställen.

Pferde werden von Farbschwingungen beeinflußt, und Bilder wirken sich auf die Stimmung aus. Wenn Ihr Stall düster und geschlossen ist, können Sie eine Landschaft in natürlichen Farben an die Wände malen. Es wird Sie und Ihr Pferd fröhlicher stimmen.

Achten Sie darauf, nur ungiftige Farben für die Wandgemälde im Stall zu verwenden. Wenn Sie sich nicht allzusehr verkünsteln wollen, hat es auch eine sehr wohltuende Wirkung (auf Pferde wie auf Menschen), die Innenwände des Stalles mit einer Kombination von Wolkenweiß, Himmelblau und Grasgrün auszumalen.

Schilddrüsenstörungen

Ich habe festgestellt, daß Pferde mit einem Mähnenkamm, der hart wie ein Brett ist, sich widersetzen, wenn man von ihnen etwas verlangt, was ihnen nicht leichtfällt. Solch ein Pferd wird oft für starrsinnig gehalten, aber tatsächlich ist die „Starre" eher im Hals als in der geistigen Haltung des Pferdes zu finden und kann die Folge einer Über- oder Unterfunktion der Schilddrüse sein.

Ein Pferd mit einer Schilddrüsenunterfunktion wird oft fett und lethargisch und deshalb fälschlicherweise für einen Faulpelz gehalten. Ein Pferd mit einem harten Mähnenkamm kann explosives, sogar aggressives Verhalten zeigen, das symptomatisch für eine Überfunktion der Schilddrüse ist.

Bedenken Sie aber auch, daß ein harter Mähnenkamm von einer Überentwicklung der Halsmuskeln durch zuviel Versammlung herrühren und die Schilddrüsenfunktion völlig normal sein kann. Vermuten Sie auf jeden Fall nicht gleich eine böse Absicht dahinter, wenn Ihr Pferd sich gegen höhere Leistungsanforderungen sträubt. Die Diagnose ist nicht ganz leicht, aber ich empfehle Ihnen, alle diese möglichen Faktoren in Betracht zu ziehen.

Rufen Sie den Tierarzt, wenn Sie bei Ihrem Pferd eine Schilddrüsenstörung vermuten. Er kann eine Hormonbehandlung oder ein homöopathisches Mittel verschreiben. Damit werden oft sehr gute Erfolge erzielt. Wenn Ihr Pferd aber einen harten Mähnenkamm und Schmerzen aufgrund von übermäßiger Versammlung hat, müssen Sie Ihre Trainingsmethoden ändern, wie ich es bereits früher in diesem Buch beschrieben habe.

Hormonstörungen

Als ich im Jahr 1983 einen Lehrgang in Westfalen abhielt, erhielt ich einen Anruf vom Trainer der westfälischen Vielseitigkeits-Junioren. Er wollte mit mir über eine Vollblutschimmelstute von 150 cm Stockmaß sprechen, die am ersten Tag eines zehntägigen Vielseitigkeitslehrgangs drei Kinder getreten und verletzt hatte.

Er sagte, die Stute sei sehr begabt, habe aber ohne Zweifel einen miesen Charakter und eigne sich nicht für Kinder. Ob ich sie mir einmal ansehen wolle?

Natürlich wollte ich. Es klang so, als ob sie ein faszinierendes Demonstrationsobjekt für meine Lehrgangsteilnehmer sein könnte, und ich ließ sie hertransportieren. Ich untersuchte ihren Körper mit den dazu geeigneten TTouches, und sobald ich etwas Druck auf die großen Muskeln hinter den Ohren ausübte, warf die Stute den Kopf hoch, quietschte und schlug mit einem Hinterbein aus.

Als ich zu ihren Schultern kam, regierte sie wieder sehr heftig. Sie quietschte, preßte die Ohren flach an den Kopf und schlug aus. Als ich sie sehr leicht und vorsichtig in der Leistengegend berührte, warf sie ihr Hinterteil herum, streckte den Schweif in die Höhe und spritzte mit Urin. Kein Wunder, daß man ihr einen miesen Charakter unterstellte!

Über die Jahre waren mir andere Stuten begegnet. die auf Berührung in genau der gleichen Weise reagiert hatten. Manchmal ist eine solche Überempfindlichkeit auf eine hormonelle Störung zurückzuführen. In einem solchen Fall ist eine Bestrafung des Pferdes zwar verständlich, aber eigentlich nicht nur unfair, sondern vor allem unwirksam.

Als nächstes verbrachte ich 25 Minuten damit, ihren ganzen Körper mit verschiedenen Graden von für sie bedrohlichen TTouches zu bearbeiten. Ich benutzte meine vier Finger gekrümmt und im Kontakt miteinander, um plötzlichen, punktuellen Druck auszuüben, so als ob meine Finger Adlerkrallen wären. Natürlich fühlte sie sich bedroht. Sie quietschte, schnappte und hatte die Ohren die ganze Zeit über zurückgelegt.

Als ich anfing mit ihr zu arbeiten, hätte man meinen können, die Stute würde von mir gefoltert. Mit der Zeit aber beruhigte sie sich, und nach 25 Minuten Körperarbeit hatte sie den Kopf gesenkt und akzeptierte die TTouches. Nun konnte ich sie überall am Körper ohne eine Reaktion berühren. Ich schloß die Behandlung mit 15 Minuten Bodenarbeit durch das Labyrinth und über Stangen (Seite 170) ab, um ihr die Möglichkeit zu geben, eine angenehme Erfahrung mit einem Menschen zu machen und zur Abwechslung einmal gern mitzuarbeiten.

Die Stute wurde wieder zurückgebracht. Ein paar Tage später erhielt ich einen ermutigenden Bericht. Die Persönlichkeit und die innere Haltung der Stute hatten sich grundlegend verbessert. Das ist natürlich ein dramatischer Fall. Manchmal kann eine einzige Behandlung scheinbar Wunder bewirken, aber oft müssen auf die erste Behandlung noch viele ähnliche folgen, bis man ein zufriedenstellendes Ergebnis erzielt.

Obwohl man solche Hormonstörungen bei Stuten mit einer Hormontherapie behandeln kann, ist diese Methode nicht immer erfolgreich. Falls Ihre Stute die oben beschriebenen Symptome zeigt, kann es sein, daß sie eine tierärztliche Behandlung braucht, aber versuchen Sie auch den TTouch. Im Verlauf der Jahre habe ich eine ganze Reihe Stuten gut darauf ansprechen sehen.

In Fällen solch extremen Verhaltens können auch Akupunktur, Homöopathie und chinesische Kräuter sehr hilfreich sein. Immer mehr Menschen erkennen die Vorteile ganzheitlicher Veterinärmedizin, und ich glaube, daß sie mit der Zeit als alternative Behandlungsmethode bei Pferden immer populärer werden wird.

Die Sehfunktion

„Die Augen sind die Fenster zur Seele" heißt ein altes Sprichwort. Man kann sehr viel über ein Pferd an den Augen ablesen. In Kapitel 3 bin ich genauer darauf eingegangen. Aber es gibt etwas im Auge eines Pferdes, das unsichtbar und doch von größter Wichtigkeit bei der Persönlichkeitsanalyse ist: die Sehkraft.

Es ist ein Unterschied, ob man einem Pferd ins Auge schaut, um einen „Einblick" zu bekommen, oder ob man die Augen betrachtet, um das zu verstehen, was ich den „Ausblick" nennen möchte. Eines bezeichnet den inneren Zustand des Pferdes, das andere, wie es körperlich in der Lage ist, die Außenwelt wahrzunehmen – wie seine Sehfähigkeit es beeinflußt.

Manchmal gebe ich Lehrgänge in Okamora, einer friedlichen Ranch in den Pinienwäldern Neu-Mexikos. Bei einem unserer Unterrichtswochenenden wurde uns ein Pferd gebracht, weil es depressiv war, keine Reaktionen und kein Interesse an seiner Umwelt zeigte. Sein Besitzer sagte uns, daß es oft stolpere und nicht genug Vorwärtsdrang zeige. Ich gab den Lehrgang zusammen mit meiner Schwester Robyn Hood, und uns fiel auf, daß dieses Pferd nie die Ohren nach vorn stellte, nie eine freundliche Geste machte und sich nie darum zu kümmern schien, wohin es ging.

Zuerst standen wir vor einem Rätsel. Nachdem wir das Pferd genau beobachtet hatten, wurde uns klar, daß man von vorn gesehen nur einen kleinen Teil seines Auges erkennen konnte, weil sie so weit seitlich am Kopf saßen. Wir schlossen daraus, daß die Lage seiner Augen ihm große Schwierigkeiten bereitete. Es konnte kaum erkennen, wohin es ging, und war deshalb introvertiert und geistesabwesend geworden. Diese Art von angeborenem Sehproblem ist höchst ungewöhnlich. Ich habe aber schon mehrere solche Fälle gesehen. Augen, die weiter seitlich als normal am Kopf sitzen, sollten als Ursache mit in Betracht gezogen werden, wenn man ein Problempferd zu beurteilen hat.

Robyn hat ähnliche Fälle in Kanada beobachtet. „In Ontario fielen mir zwei Pferde auf, denen es nichts ausmachte, wenn andere Pferde sich ihnen von hinten näherten", sagt Robyn. „Aber wenn sie von vorn im Trab oder Galopp auf sie zukamen, explodierten sie einfach und gingen durch. Beide Pferde wurden in einer übermäßig versammelten Haltung geritten. Als ich sie von vorn untersuchte, sah ich, daß ihre Augen ziemlich weit hinten und seitlich am Kopf saßen.

Mir wurde klar, daß die Kombination der Plazierung der Augen mit der versammelten Haltung (die Nase an der Senkrechten) wahrscheinlich bewirkte, daß sie nicht sehr deutlich sehen konnten. Wenn andere Pferde geradewegs auf sie zugeritten wurden, konnte ihre Sichtweise, beeinträchtigt durch die senkrechte Position ihrer Köpfe, sie dazu veranlaßt haben, den Abstand falsch einzuschätzen. Dadurch schienen die auf sie zukommenden Pferde näher, als sie tatsächlich waren. Das wiederum bewirkte Panik und Aufregung. Interessanterweise beruhigen sich beide Pferde schnell, sobald man sie in einer entspannteren Haltung ritt."

Temperamentvolle, nervige Pferde haben normalerweise eine hohe Kopfhaltung. Das Hochwerfen des Kopfes ist ein Teil des Angstreflexes, der „Flucht" auslöst. Und natürlich sehen sie mit hochgeworfenem Kopf auch anders, was nur zur Folge hat, daß ihre Angst noch größer wird. Und, um alles noch schlimmer zu machen, kann ein Pferd sich vor Angst so verkrampfen, daß die Muskelspannung die Funktion des Sehnervs beeinträchtigt und das Pferd nur noch verschwommen sehen kann. Ich glaube, daß Pferde oft scheuen oder durchgehen, weil sie kurzsichtig sind oder die Sehkraft beeinträchtigt ist.

Die meisten Reiter reagieren auf solches Verhalten, indem sie das Pferd bestrafen. Dadurch bekommt das Pferd noch mehr Angst, und das Problem ist nicht gelöst, sondern wird schlimmer. Erstaunlicherweise verändern sich das Verhalten und der vermeintliche „Charakterfehler", sobald das Pferd Vertrauen zu seinem Reiter entwickelt.

Wenn man ein Pferd, das Angst hat, ruhig dazu bringt, den Kopf zu senken, geschehen wahrscheinlich zwei Dinge: Das Pferd fühlt sich sicherer, weil es nun besser sehen kann, und der Fluchtreflex wird ausgeschaltet. Es wirkt Wunder, den Kopf eines Pferdes zu senken. Das Pferd beruhigt sich und überwindet seine Angst.

Manchmal fühle ich mich wie ein Detektiv auf Spurensuche, wenn ich versuche, ein Pferd zu verstehen, und den Punkt finden will, wo sich Persönlichkeits- und körperliche Probleme überschneiden. Ein Beispiel: Meine Freundin Grisella Bruggerman rief mich eines Tages an, um sich mit mir über ein Pferd, das sie in Ausbildung hatte, zu unterhalten. Der vierjährige Hannoveraner Wallach war störrisch und unwillig, wenn man ihn führte, sagte Grisella. Solange sie am Führstrick zog, kam er mit, aber sobald sie locker ließ und erwartete, daß er ihr folgte, hielt er einfach an und weigerte sich weiterzugehen. Grisella hatte die Geduld mit ihm verloren.

Wir rätselten gemeinsam eine Weile herum. Als Grisella mir erzählte, daß das Pferd seine Jugend auf einer Weide zusammen mit einem anderen Pferd verbracht hatte, kam mir plötzlich ein Geistesblitz. „Ich wette, das Pferd kann nicht gut sehen", sagte ich. „Es kann sein, daß er deine Führung braucht, um dir nachgehen zu können."

Tatsächlich bestätigte der Züchter Grisella, daß der Wallach immer wie ein Schatten an der Seite seines Freundes gewesen sei. Der Wallach hatte an dem anderen Pferd geklebt, weil er so schlecht sehen konnte. Er war eigentlich sehr sanftmütig und kooperativ, aber er fühlte sich völlig verloren und unfähig, ohne Führung vorwärtszugehen, weil er sich noch nie ohne die Gegenwart des anderen Pferdes bewegt hatte.

Grisella konnte nun, da sie verstand, daß das schlechte Sehvermögen das störrische Verhalten ausgelöst hatte, die Persönlichkeit ihres Pferdes in einem ganz neuen Licht sehen und ihre Ausbildungsmethode darauf abstimmen.

Die Ausrüstung

Es mag etwas weit hergeholt scheinen, die Ausrüstung Ihres Pferdes zu überprüfen, wenn wir von seiner Persönlichkeit sprechen, aber manchmal können ein schlecht sitzender Sattel, eine unpassende Trense oder das falsche Gebiß sehr mißverständliche Situationen heraufbeschwören.

Auf einem meiner Seminare in Minneapolis traf ich auf eine besonders fein aussehende Araberstute namens Sahara Rose. Die Stute hatte einen wirklich hübschen Kopf mit allen Merkmalen einer sensiblen und kooperativen Persönlichkeit, obwohl sie eine kurze Maulspalte hatte. Das macht es einem Pferd meist schwer, ein Gebiß im Maul zu tragen.

Aufgrund meiner Analyse ihres Kopfes nahm ich an, daß sie ein Pferd mit einer guten Einstellung war. Aber ihre Besitzerin war sehr schlecht auf sie zu sprechen. Das Pferd stand niemals still. Sie sagte, daß sie in den zwei Jahren, in denen sie mit Sahara Unterricht genommen hatte, das Pferd nie dazu bringen konnte, das Gebiß anzunehmen. Man hatte ihr gesagt, sie solle sich einfach damit abfinden, daß die Stute ein störrisches, widerspenstiges Biest sei, und ihr geraten, sie loszuwerden.

Nachdem ich nicht diesen Eindruck von der Stute hatte, fragte ich die Besitzerin, was sie von ihr erwartet hatte. Zuerst hatte sie es mit Western Pleasure versucht, aber das Pferd war zu verspannt für den langsamen Jog und die erforderliche niedrige Kopfhaltung. Dann hatte sie es mit Dressur versucht, aber es war unmöglich gewesen, die Stute in eine versammelte Haltung und ans Gebiß zu bekommen. Endlich hatte sie beschlossen, ins Gelände zu reiten, aber Sahara zackelte und machte ihrer Reiterin das Leben schwer.

Als ich das Pferd untersuchte, stellte ich fest, daß ihr Kehlgang sehr dick war, was ihre Fähigkeit zur Versammlung einschränkte. Ihre Lymphdrüsen waren hart und vergrößert. Deshalb war es für Sahara natürlich sehr unbequem gewesen, wie bei der Dressur und auch, in etwas anderer Art, beim „Western Pleasure" versammelt zu gehen, und sie hatte ständig mit dem Kopf geschlagen. Ich wies darauf hin, daß ihr körperliches Unvermögen sie unkooperativ erscheinen ließ. Ich entschloß mich, ihr den Kopf freizugeben und abzuwarten, wie sie darauf reagieren würde.

Ich ritt sie ohne Kopfstück, nur mit einem Halsring, und sie ging einfach wundervoll. Den Kopf hielt sie etwas zu hoch, aber sie ging flüssig im Schritt, Trab und Galopp, ohne mit dem Kopf zu schlagen. Sie wurde von einigen anderen Seminarteilnehmern geritten und wurde zum Erstaunen ihrer Besitzerin der erklärte Liebling aller.

Ich riet ihrer Besitzerin, die Stute weiterhin in ihrer natürlichen Haltung als Geländepferd zu verwenden. Mit Rücksicht auf ihre kurze Maulspalte sollte sie ein Lindel benutzen, eine besondere Art gebißloser Zäumung, die wahrscheinlich ihr Zackeln im Gelände beseitigen würde.

Viele Menschen sehen keine Verbindung zwischen dem Zaumzeug und der Art und Weise, wie das Pferd sich verhält. Ein unpassender Sattel zum Beispiel kann eine ganze Reihe von Verhaltensproblemen hervorrufen. Wie im Kapitel über die Gesichtswirbel bereits erwähnt, entdeckte ich ein perfektes Beispiel dafür 1979 in Israel. Damals war mir im Reitstall eines Hotels ein armselig aussehendes kleines Pferd aufgefallen, das demnächst geschlachtet werden sollte, weil es biß und schlug. Wie sich herausstellte, wurde es mit einem völlig unpassenden Sattel geritten und hatte sich einfach gegen die unerträglichen Schmerzen zu wehren versucht. Aufmerksam war ich eigentlich nur geworden, weil es einen langen, auf Freundlichkeit hinweisenden Wirbel zwischen den Augen hatte, der nicht zu seinem Verhalten paßte.

Es ist nicht ungewöhnlich, daß der Stallmeister keinen Zusammenhang zwischen den Druckstellen auf dem Rücken des Pferdes, dem schlecht passenden Sattel und dem daraus resultierenden aggressiven Verhalten gesehen hatte. Ich habe festgestellt, daß sowohl unerfahrene als auch erfahrene Reiter diesen Zusammenhang nicht sehen und oft nicht erkennen können, daß ein Problem von schlecht sitzendem Sattelzeug herrührt.

Legen Sie Ihre Hand seitlich vom Widerrist in die Sattelkammer und versuchen Sie, sie unter das Sattelkissen und das Sattelblatt zu schieben. Wenn die Sattelkammer zu eng ist oder die Sattelkissen in den Rücken drücken, gelingt Ihnen das nicht, ohne daß Ihre Hand eingeklemmt wird. Und wenn der Sattel Sie kneift, dann kneift er auch Ihr Pferd und der Sattel ist zu eng. Achten Sie aber darauf, diesen Test nur mit dem Gewicht des Reiters im Sattel auszuführen, sonst stimmen Ihre Ergebnisse nicht genau.

TEIL III

Fördern Sie die guten Eigenschaften Ihres Pferdes

Kapitel 1

Passen Pferd und Reiter zusammen?

Der seltene Anblick eines Pferdes und eines Reiters, die sich zusammen in absoluter Harmonie und müheloser Schönheit bewegen, ruft fast immer große Freude hervor.

Dem ersten Eindruck reinen Vergnügens folgt unser bewußtes Urteil: Wir sind von der hervorragenden Ausbildung des Pferdes und der Präzision des Reiters beeindruckt. Oft ist uns bewußt, mit wie vielen Stunden Arbeit diese Mühelosigkeit erkauft wurde. Aber das Allerwichtigste bedenken wir oft nicht: die Tatsache, daß wir hier Zeugen einer Partnerschaft unterschiedlicher Persönlichkeiten werden, der Nähe zweier verschiedener Individuen.

Wie können Sie vor dem Kauf feststellen, ob ein Pferd das Potential dazu besitzt, eine gute Beziehung zu Ihnen zu entwickeln? Wie können Sie wissen, ob dieses Pferd am besten zu Ihnen paßt, und das nicht nur, was Ihr Temperament angeht, sondern auch, was Ihre Reitkünste und Ihre Art des Reitens anbelangt? Wie können Sie erkennen, ob die Schwierigkeiten zwischen Ihnen und Ihrem Pferd existieren, weil Ihre Persönlichkeiten einfach nicht zusammenpassen, oder ob es sich um ein korrigierbares Mißverständnis handelt? Wann sollten Sie einfach aufgeben und mit einem anderen Pferd, das Ihnen mehr liegt, neu anfangen?

Im Verlauf der Jahre und bei Tausenden von Fällen, die ich analysiert habe, ist mir klar geworden, daß die Persönlichkeitsanalyse von Pferden bei dieser Art von Fragen am allernützlichsten ist.

Passend und unpassend

Im Jahr 1978 beurteilte ich zum erstenmal ein Pferd und einen Reiter als Paar. Ich hielt damals einen Lehrgang im Schwarzwald ab. Eine der Teilnehmerinnen war Maria, eine sensible junge Frau mit einem regen Verstand und vielen Interessen. Sie liebte den Gedanken, mit einem Pferd als Freund in den Wald hinauszureiten. In ihrer Vorstellung würde ihr Pferd genausoviel Interesse an seiner Umwelt haben wie sie selbst und mit ihr die Freude an einem angenehmen Ritt teilen.

Maria besuchte mein Seminar, weil sie dachte, daß sie ihr Pferd irgendwie nicht richtig behandelte. Es schien so ungeheuer deprimiert und desinteressiert an seiner Umgebung zu sein, besonders wenn sie ausritten. Sobald ich das Pferd sah, war mir die Problematik klar. Maria suchte die Schuld bei sich und ihrer Ausbildung, aber die Schwierigkeit lag in einer ungünstigen Kombination der Persönlichkeiten.

Marias Pferd, ein dunkelbrauner Wallach, war ein Importpferd aus Polen, das in einer Reitschule im Verleih gegangen war, ehe sie es kaufte. Er hatte eine lustlose Persönlichkeit, zum Teil wegen seiner früheren trostlosen Umgebung, aber auch aufgrund seiner angeborenen Introvertiertheit und Trägheit.

Mir fiel auf, daß seine Nüstern sehr schmal waren und kaum Bewegung zeigten. Auch seine Ohren waren sehr unbeweglich, und seine nah zusammenstehenden, tiefliegenden, ziemlich kleinen Augen hatten einen nach innen gekehrten Ausdruck – er schaute sich nicht um und zeigte keinerlei Interesse an seiner Umgebung. Er hatte kleine Ganaschen und einen ziemlich langen, schmalen Kopf mit einer kurzen Maulspalte und dicken Lippen. Aus all diesen Zeichen schloß ich auf eine deutlich unter dem Durchschnitt liegende Intelligenz.

„Dieses Pferd paßt einfach nicht zu dir", sagte ich. Ich riet ihr, das Pferd zu verkaufen und sich ein Pferd zu kaufen, das nicht so in seiner Persönlichkeit gebrochen worden war. Ein Pferd, das man ermutigt hatte, eine fröhliche Persönlichkeit zu entwickeln, möglicherweise einen Araber oder ein im Arabertyp stehendes Pferd, dem das Ausreiten genausoviel Spaß machte wie ihr selbst. Maria war wirklich erleichtert zu hören, daß sie nicht länger darum zu kämpfen brauchte, dieses Pferd zu verändern, und sich ohne Schuldgefühle erlauben konnte, ein neues Pferd zu kaufen.

Ich riet Maria, beim Verkauf ihres Pferdes darauf zu achten, daß sie einen Käufer fand, dem dieses Pferd wirklich lag und der mit ihm glücklich werden konnte. Das Pferd brauchte einen Reiter, der gern ein gefügiges Pferd wollte, das kein allzu großes Interesse an seiner Umwelt zeigt.

Sollte sich das nicht ergeben, schlug ich ihr vor, das Pferd auf die Koppel zu stellen und in den Ruhestand zu versetzen. Diesen Rat habe ich im Laufe der Jahre schon mehreren Leuten in vergleichbarer Lage gegeben.

In einem ähnlichen Fall sollte ich ein Dressurpferd anhand von Fotos beurteilen. Das Pferd reagierte nicht und widersetzte sich seiner Ausbilderin, einer professionellen Reiterin und Ausbilderin, die dabei war, das Vertrauen in ihre Fähigkeiten zu verlieren.

„Kein Wunder, daß Sie frustriert sind", schrieb ich ihr. „Dieses Pferd hat eine leichte Ramsnase, drei Wirbel im Gesicht, kurze, nah zusammenstehende Ohren, sehr schmale Nüstern, kleine Augen und eine sehr kurze Maulspalte. Kurz gesagt, das Pferd ist träge, widerspenstig und unnachgiebig. Suchen Sie jemanden, der nur ein bißchen spazierenreiten oder sich durch Reiten fit halten will, der aber weder eine Partnerschaft mit seinem Pferd sucht noch im Spitzensport mithalten will."

Die Frau war genauso erleichtert wie Maria, als sie herausfand, daß sie das Pferd guten Gewissens verkaufen konnte und diese Entscheidung nichts über ihre Fähigkeit als Ausbilderin aussagte. Mir ist aufgefallen, daß viele Leute die Entscheidung, sich von einem Pferd zu trennen, nur unter größten Schwierigkeiten fällen können und sie ein schlechtes Gewissen haben oder denken, es sei alles ihr Fehler. In solchen Fällen finde ich die Fähigkeit, die Persönlichkeit zu analysieren, besonders hilfreich.

Obwohl Maria selbst ganz klar ein Pferd mit einem lebhaften Temperament brauchte, das ihr ähnlich war, ist es nicht immer ratsam, ein Pferd zu kaufen, das eine ähnliche Persönlichkeit wie man selbst hat. Ich habe festgestellt, daß überdrehte, nervöse und sensible Menschen sich oft zu Pferden mit den gleichen Eigenschaften hingezogen fühlen. Bei beidseitiger Nervosität erhöht das Prinzip „gleich und gleich gesellt sich gern" aber nur die Anspannung, besonders wenn der Reiter auch noch unerfahren ist. Für so jemanden wäre es das Beste, ein beständiges, freundliches Pferd zu wählen.

Die richtige Pferd/Reiter-Kombination zu finden ist gar nicht so einfach. Oft ist das, was den einen nur frustriert, dem anderen eine Herausforderung. Nehmen wir zum Beispiel ein Pferd mit einem riesigen Hubbel zwischen den Augen (Unberechenbarkeit), einem extremen Hechtkopf (übersensibel) und einer ausgeprägten Elchnase (Mut). Man braucht wohl nicht erst zu sagen, daß diese ungewöhnliche und sehr widersprüchliche Kombination von Merkmalen auf eine ausgesprochen vielschichtige und schwierige Persönlichkeit hindeutet. Solch ein Gesicht sah ich, als ich vor ein paar Jahren nachdenklich ein Foto betrachtete, das mir zur Persönlichkeitsanalyse zugeschickt worden war.

Der Brief, dem das Foto beilag, kam von Doris Churchill, einer Frau, die 1960 einen neunmonatigen Ausbildungskurs für Reitlehrer in meiner Reitschule absolviert hatte. Nun nahm ihre fünfzehnjährige Tochter Carrie ohne viel Erfolg an ihren letzten Prüfungen in der Juniorenklasse teil. Sie war eine ambitionierte junge Reiterin, die gern gewinnen wollte.

Die Schwierigkeit war, daß Carrie sich in einer Zwickmühle fühlte. Sie liebte ihr Pferd, aber es war ein kompliziertes Tier, das aus unerklärlichen Gründen scheute und dessen unberechenbares Verhalten für das junge Mädchen oft frustrierend war. Sie konnte sein Verhalten von einer Prüfung zur nächsten nie einschätzen. Doris wollte von mir wissen, ob Carrie wohl mit einem vernünftigeren Pferd mehr Erfolg haben würde oder ob es sich lohnte, weiterhin mit diesem speziellen Wallach zu arbeiten.

Auf dem Foto sah ich alles, was ich brauchte, um diese Frage zu beantworten. Ein Pferd mit einer Reihe von so schwierigen Eigenschaften war keine gute Wahl für Carrie. Ein Pferd mit so komplexen Charaktermerkmalen brauchte jemanden, dem nicht an Turniersiegen gelegen war, sondern der selbst auch ungewöhnlich war und dem es Spaß machte, viel Zeit darauf zu verwenden, mit diesem Pferd zu arbeiten und seine vielschichtige Persönlichkeit zu verstehen. Ich riet Doris, ein Pferd zu suchen, das besser zu Carrie paßte.

Carries Pferd hätte perfekt zu jemandem wie Elizabeth Blake gepaßt. Liz, eine individualistische, rothaarige Schottin, die in Arizona lebt, hatte früher eine eigene Marketing-Gesellschaft besessen und war so erfolgreich gewesen, daß sie sich relativ früh zur Ruhe setzen und sich ihrer Stute Diva und ihrer großen Leidenschaft widmen konnte.

Diva war der Eigensinn in Person, aber das ideale Pferd für Liz, für die Probleme nur zum Lösen da waren. Je mehr Schwierigkeiten das Pferd machte, desto fasziniertger war Liz. Die Stute war so ungewöhnlich, so klug, feurig, stolz und launisch, daß ich sie nur einer ganz ungewöhnlichen Persönlichkeit empfohlen hätte. Jemandem, der nicht nur gut genug ritt, sondern auch selbst eigen genug war, um ihre Feinheiten zu verstehen und zu wissen, daß man sie mit ausgesprochen viel Respekt behandeln mußte.

Bei einem Durchschnittsmenschen hätte Diva nur Anlaß zu Frustration und Ärger gegeben – sie wäre unangenehm, widersetzlich, störrisch und immer auf Streit aus gewesen. Liz aber weiß verstandesmäßig und intuitiv, wie sie die Stute am besten fördern kann. Sie behandelt das Pferd mit der genau richtigen Mischung aus ruhiger Bestimmtheit und tolerantem Respekt, einer Mischung, die der ungewöhnlichen und höchst individuellen Wesensart der Stute Rechnung trägt.

Wenn man Diva und Liz beobachtet und sieht, wie gut sie sich verstehen, hat man den Eindruck, daß sie gar nicht besser zusammenpassen könnten.

Natürlich ist Liz eine selbstsichere und erfahrene Reiterin. Was aber, wenn Sie von Natur aus ängstlich sind oder vielleicht Selbstvertrauen besitzen, aber nur wenig Erfahrung? Ich erinnere mich an einen Fall, wo ein einziges Pferd eine Herausforderung für eine ganze Familie wurde und wo all die obengenannten Faktoren eine Rolle spielten. Auch diese Geschichte habe ich schon kurz erwähnt; hier nun die Einzelheiten.

Mein Freund Lothar Karla ist klug, sportlich, sehr ehrgeizig und freundlich und besitzt einen für meinen Geschmack idealen privaten Pferdestall – eine Reihe großer, luftiger Boxen, aus denen die Pferde den Kopf herausstrecken können, um ihren großen Sandplatz zu überblicken. Sie können auch den ganzen Tag draußen verbringen und sich zu einer Herde Schafe auf einer großen, sonnigen Wiese gesellen. Von den Fenstern des Wohnhauses aus kann man den Blick auf diese friedliche ländliche Szenerie genießen und den Kuckuck aus dem nahen Wald rufen hören.

Bis zu den Ereignissen der folgenden Geschichte bestand Lothars Interesse an Pferden lediglich darin, sie zur Freude seiner Frau Amanda und ihrer Tochter Eva zu halten.

Aber eines Tages sah Lothar eine Anzeige in der örtlichen Zeitung: „Pferd in gute Hände zu verschenken. Kommen Sie und holen Sie es ab!" Er war auf der Suche nach einem Pferd für die Familie, und so machten sich alle drei auf, um diesen Fall zu untersuchen. Sie trafen auf Merik, einen großen Fuchs mit einer breiten Blesse und weißen Stiefeln an den Hinterbeinen, und nahmen ihn mit nach Hause.

Die Schwierigkeit bestand darin, daß die nicht sehr selbstsichere Amanda und Eva, die sich zwar etwas mehr zutraute, aber nur wenig Erfahrung im Umgang mit einem so großen Pferd besaß, Angst vor Merik hatten. Jedesmal, wenn sie versuchten, seine Box zu betreten, um ihn zu füttern, legte er die Ohren an und verjagte sie.

Nachdem das drei Tage lang so gegangen war, griff Lothar ein. „Das ist doch lächerlich", sagte er. „So ein Pferd füttere ich nicht." Bewaffnet mit einem großen Ast betrat er selbst die Box. Als das Pferd seine übliche Taktik an ihm ausprobierte, zog ihm Lothar ordentlich eins über die Kruppe. Dann blieb er stehen und wartete ruhig ab, was Merik als nächstes tun würde.

Merik sprang zur Seite, dann drehte er sich um und sah Lothar mit einem Gesichtsausdruck an, als wollte er sagen: „Na so was! Endlich einmal ein interessanter Mensch!" Er stellte die Ohren auf und kam zu Lothar, um ihn kennenzulernen. Damit war die Sache für Pferd und Mensch klar: Merik war Lothars Pferd. Lothar, der ursprünglich gar nichts mit Merik zu tun haben wollte, ist nun der einzige, der ihn reitet. Sie wurden zu einem dynamischen Duo.

Meriks Kopf zeigte einen so starken, selbstbewußten und klugen Charakter, wie ich ihn nur je gesehen habe. Er war besonders breit und flach zwischen den Augen, hatte sehr große Ganaschen und ein großes, ungewöhnlich intelligentes Auge. Er hatte enorme Nüstern, eine Elchnase und eine stark abfallende Maulpartie.

Ich bin mir sicher, daß dieses Pferd schneller denken kann als viele Menschen und eine Persönlichkeit ist, die voller Ideen steckt. Einmal kam Lothar dazu, als er ein Schaf mit den Zähnen gepackt hielt und es nur so zum Spaß herumtrug. Er unterhielt die ganze Familie, aber er blieb immer Lothars Pferd.

Sechs Monate später war ich eingeladen, um Merik kennenzulernen und um Amanda ein Pferd zu bringen, das besser zu ihr paßte. Ich hatte es extra für sie ausgesucht – eine wunderbare, sehr kooperative Quarter Horse-Stute aus Kalifornien, die auf ihre Reiter so gut achtgab wie ein Babysitter. Sie war genau das Richtige für Amandas etwas zögerliche Wesensart, und sie wurde mit ihr sehr glücklich. Lothar kaufte auch Eva ein Pferd. Seine Wahl fiel auf einen jungen, intelligenten und selbstsicheren Araber, der genau zu der überschäumenden Energie dieses aufgeweckten jungen Mädchens paßte.

Pferde als Lehrer

Wenn man ein Pferd mit einer extrem schwierigen Persönlichkeit wirklich liebt, kann einen dies in eine, milde ausgedrückt, äußerst entmutigende Situation bringen. Ich habe öfter Leute in solch einer mißlichen Lage gesehen, die sich immer weiter und weiter bemühen, obwohl sie keine wirklichen Fortschritte mit ihrem Pferd machen. Das Vernünftigste wäre, einfach „loszulassen".

Den meisten Leuten empfehle ich die Trennung von ihrem Pferd ohne Schuldgefühle als beste Lösung. Aber es kann auch vorkommen, daß Durchhaltevermögen nicht nur angebracht ist, sondern sogar auf eine Entdeckungsreise führt, die sich lohnt.

Ich erinnere mich an einen solchen Fall. Das fragliche Pferd war ein vierjähriger Paso Fino-Wallach namens Hero. Als Marcia Ukura, seine Besitzerin, mir sein Foto zur Persönlichkeitsanalyse schickte, dachte ich: Das muß wohl einer der schwierigsten und vielschichtigsten Köpfe sein, die ich je gesehen habe.

Das erste, was mir auffiel, war seine abfallende Maulpartie, die auf ein Pferd hinwies, das seinen Reiter ständig auf die Probe stellte. Dazu kamen seine großen Nüstern (ein Pferd, das viel denkt), eine lange Maulspalte und ein langes, flaches Kinn (wieder ein Hinweis auf ein Pferd, das geistig überdurchschnittlich rege ist, übersensibel sein kann und leicht mißverstanden wird), ein Spinnerhubbel (unberechenbares, „spinniges" Verhalten) und fein ausgeformte Ohren, die wie Antennen leicht seitwärts gedreht waren, als ob das Pferd seiner Umgebung nicht vertraute (Abb. 1).

Im Begleitbrief beschrieb Marcia ihre Erfahrungen und ihre Probleme mit Hero: „Ich reite seit drei Jahren und nehme die ganze Zeit über Unterricht. Ein Jahr lang Western, ein Jahr „leichter Sitz" und ein Jahr lang Stunden mit einem Trainer für Saddlebred-Pferde.

Heros Ausbildung begann, als er 34 Monate alt war, und dauerte drei Monate. Danach wurde er erfolgreich in „Fino"- und „Performance"-Prüfungen vorgestellt. Als ich ihn zu reiten begann, ritt ich ihn erst in der Halle warm und ging dann mit ihm ins Gelände. Nach zwei Monaten wurde er sehr ungebärdig. Er wollte nicht mehr Schritt gehen, sondern immer nur so schnell wie nur irgend möglich laufen, und begann zu steigen und sich im Kreis zu drehen, wenn ich ihm nicht seinen Willen ließ.

Ich machte mit seiner Ausbildung weiter und nahm einmal in der Woche Unterricht. Nach einigen Monaten war er nahezu perfekt. Er ging alle drei Grundgangarten korrekt (sogar Tölt) und nahm das Gebiß gut an. Nur an den Seiten war er noch empfindlich, so daß meine Hilfen hauchfein sein mußten.

Nach sechs Wochen ging ich wieder mit ihm ins Gelände. Und wieder benahm er sich völlig verrückt. Er stieg und drehte sich im Kreis, wenn ich ihn zurückhielt, und wechselte die Gangarten so schnell, daß mir schwindlig wurde.

Ich schickte ihn wieder zur Ausbildung, diesmal mit dem

Passen Pferd und Reiter zusammen? **149**

dritten Trainer, einer Frau, die viel Erfahrung mit Paso Finos hatte. Sie sagte mir, daß er sich gern „aufziehe" und es ihm schwerfiele, sich zu entspannen.

Er ist mein erstes Pferd, und ich liebe ihn sehr. Ich will kein anderes Pferd. Kann eine arthritische Frau mittleren Alters lernen, mit diesem Pferd zurechtzukommen?"

Ich rief Marcia an und sagte: „Wenn du mehr lernen möchtest, als du je in deinem Leben gelernt hast, dann behalte das Pferd. Er

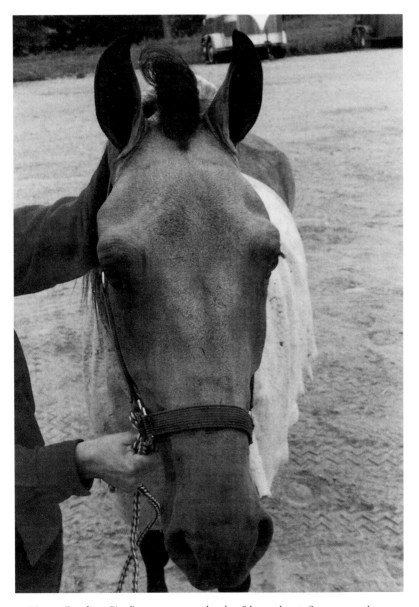

1. Hero: *Beachten Sie die extrem eng stehenden Ohren, den äußerst ungewöhnlichen Winkel vom Auge zum Ohr und das ungewöhnlich schmale Gesicht von unterhalb der Augen bis zum Nüsternrand.*

wird eine ungeheure Herausforderung sein, aber es kann gut gehen. Wenn du dir aber eine Menge Ärger ersparen möchtest, dann gib ihn jemandem, der Spaß daran hat, und suche für dich selbst ein Pferd, das auf dich achtgibt. Das ist die Entscheidung, die du treffen mußt."

Marcia nahm an einem meiner Seminare teil. Sie war zutiefst erstaunt über die Veränderungen, die die TTEAM-Arbeit bei einigen Pferden bewirkte. Als sie nach Hause ging, begann sie mit Hilfe eines sympathischen und kompetenten Lehrers mit Hero noch einmal ganz von vorn. Diesmal benutzte sie unsere TTEAM-Ausbildungsmethoden.

Zwei Monate später bekamen wir einen begeisterten Brief von Marcia: „Ich arbeite viermal in der Woche mit ihm. Jedesmal mache ich etwas Körperarbeit und einen Teil der Bodenarbeitslektionen. Der Unterschied in seinem Verhalten ist erstaunlich – nicht immer so erstaunlich, wie ich es gerne hätte, aber dennoch erstaunlich.

Er ist in einem großen Reitstall eingestellt, und es gibt dort kein ruhiges Eckchen für meine TTEAM-Arbeit. Also mußte Hero Selbstdisziplin lernen. Am Anfang war er beidseitig angebunden, stampfte mit den Füßen und pendelte dauernd hin und her. Nun steht er für die Körperarbeit ganz ruhig in der Stallgasse, und zwar ohne Halfter und unangebunden, während Pferde, Menschen und Hunde um uns herumlaufen.

Ehe ich mit der TTEAM-Arbeit begann, war das Ausscheren der Mähne für des Genickstück der Trense eine Arbeit, die man nur mit zwei Leuten, Halfter, Kette und einem richtigen Kampf bewältigen konnte. Nun berühre ich nur die höchste Stelle an seinem Kopf, und er senkt ihn, während ich ihn schere.

Hero und ich lernen, mit Stimmkommandos zusammenzuarbeiten. Er braucht sehr laute, bestimmte Stimmkommandos. Sobald ich versuche, meine Stimme sanfter werden zu lassen, nutzt er das sofort aus und tut, was er will, und nicht, was ich will. Ich glaube aber, ich habe allmählich das Sagen. Ich kann ihn ohne Zaumzeug, nur mit meinen Händen am Kopf, überallhin führen: in den Stall, in den Waschbereich, in kleine Ecken, vorwärts und rückwärts.

Ich kann alles mit ihm tun, bis auf die TTEAM-Übungen mit den Hinterbeinen (siehe Seite 176). Sobald ich anfange, seine Hinterbeine zu bewegen, sträubt er sich. Ich mache die Übungen zwar weiterhin, aber es ist schwierig, wenn sich das Pferd nicht entspannen kann und nicht gern mitarbeitet. Sein Schweif ist aber mittlerweile viel lockerer geworden. Gibt es etwas, das ich tun kann?"

Ich riet ihr, kleine, miteinander verbundene Wolken-Leopard-Kreise (siehe Seite 161) über die Kruppe und das Sprunggelenk hinweg die ganzen Beine hinunter zu machen, um ihn an Berührung an den Hinterbeinen zu gewöhnen. Ich schlug ihr auch noch vor, ihn das Bein in Schonstellung, mit der Hufspitze zum Boden, halten zu lassen, während sie die Kreise machte.

Passen Pferd und Reiter zusammen? **151**

2. Socks: *Der Wallach vom Typ „Lebensversicherung" hat ein sehr gerades Profil (Unkompliziertheit) und ein quadratisches Maul (Verläßlichkeit).*

3. Vorderansicht: *Beachten Sie Socks' sehr breite Ohren von mittlerer Länge, die wenig ausgeformt sind. Das zeichnet ihn als völlig zuverlässig aus. Seine ungewöhnlich bewegliche Lippe erweckt den Eindruck, daß er mit jeder Art von Situation fertigzuwerden weiß.*

Abb. 2 und 3

Socks, ein 19jähriger Quarter Horse-Wallach, trägt seinen 75jährigen Reiter und Besitzer mit außergewöhnlicher Bewußtheit und Sorgfalt durchs Gelände. In den nebenstehenden Fotos können Sie sehen, wie gut er zu dem alten Herrn, einem Arzt, paßt.

152 Fördern Sie die guten Eigenschaften

4. Duchess: *Ein Ramskopf, kleine Augen, abwesender Gesichtsausdruck und seltsame Verspannungen um die Lippen herum, als ob sie an ihrer Zunge saugte. Dieses Bild wurde gemacht, als sie völlig überfordert war.*

5. Drei Monate später: *Duchess und ihre neue Besitzerin Minty Flood demonstrieren, was man mit Liebe erreichen kann – die Stute hat einen freundlichen Augenausdruck, ihr Kinn ist entspannter.*

Man kann wohl kaum ein schwierigeres Pferd als Hero für einen Anfänger finden, aber solche Pferde können wundervolle Lehrer sein – manchmal kann man von einem Problempferd mehr über Pferde lernen als von einem Pferd, das willig mitarbeitet und keine Probleme hat.

Weil Hero einen so starken Charakter hatte, zwang er Marcia dazu, die Führung zu übernehmen und selbstsicherer zu werden. Um mit ihm auf intelligente Art und Weise umzugehen, mußte sie selbst erst einen neuen Grad von Selbstsicherheit entwickeln. Sie mußte ihre eigenen Fähigkeiten weiterentwickeln und ihre eigenen guten Charaktereigenschaften verstärken. In Marcias Fall beeinflußten und bereicherten die „Lektionen mit Hero" alle Aspekte ihres Lebens – ein schönes Ende einer Geschichte, die mit Frustration und Hilflosigkeit begann und mit Geduld und Liebe endete.

Ein herausforderndes Pferd wie Hero kann einem Reiter beibringen, daß mit verständnisvollen Methoden viel mehr zu erreichen ist als mit Gewalt und Strafe. Durch solche Methoden erfährt man das erhebende Gefühl, etwas erreicht zu haben, und die wirkliche Freude, die durch die Zusammenarbeit von Pferd und Reiter entsteht.

Abb. 4 und 5

Die beiden Fotografien von Duchess, einer neunjährigen Warmblutstute, wurden im Abstand von drei Monaten aufgenommen.

Als das erste Foto aufgenommen wurde, longierte die damalige Besitzerin die Stute jeden Tag intensiv 45 Minuten lang, bevor sie über hohe Hindernisse sprang. Unter diesem Druck konnte das Pferd den Erwartungen nicht entsprechen und wurde unter dem Sattel so nervös, daß der Trainer empfahl, es zu verkaufen.

Die Stute ging an Minty Flood, deren Umgang mit Pferden von Warmherzigkeit und Fürsorglichkeit geprägt ist. Mit Minty konnte Durchess Vertrauen zum Reiter entwickeln und hat nun das nötige Selbstvertrauen, um Hindernisse zu springen, die ihr in ihrer früheren Situation große Schwierigkeiten bereitet hätten.

Den passenden Partner finden

Der erste Schritt, um ein passendes Pferd zu finden, besteht darin, daß Sie, der zukünftige Besitzer, herausfinden, was Sie von einem Pferd möchten. Wenn Sie sich im klaren darüber sind, wozu Sie das Pferd brauchen und was ein Charakter wäre, der zu ihrem eigenen Temperament paßt, haben Sie schon einen Rahmen.

Wenn Sie in Frage kommende Pferde beurteilen, wird es Ihnen helfen, zu wissen, ob Sie ein Pferd für eine bestimmte Reitart oder ein Freizeitpferd suchen. Wenn Sie zum Beispiel ein zähes Polopony möchten oder ein Pferd für jede Art von Disziplin, in der Konzentrationsfähigkeit, Selbstvertrauen und Beständigkeit gefragt sind, wissen Sie von vornherein, daß ein Pferd mit einem Hechtkopf sich dazu höchstwahrscheinlich nicht eignet. Wenn Sie aber ein Pferd suchen, das Ihr Freund und Begleiter beim Freizeitreiten sein soll, haben Sie viel mehr Spielraum, wenn Sie der großen Auswahl an Pferdecharakteren gegenüberstehen.

Aber auch wenn Sie ein Pferd nur als Freizeit- und nicht als Turnierpferd kaufen, sollten Sie sich im klaren darüber sein, was für ein Pferd Sie wollen. Nehmen wir einmal an, Sie sind ein geselliger Reiter und möchten mit Ihren Freunden zum Vergnügen ausreiten. Sie sollten sich nach einem verläßlichen und beständigen Pferd umschauen. Aber wenn Ihnen ein neugieriges Pferd, das immer gerne wissen möchte, was hinter dem nächsten Hügel liegt, mehr zusagt, dann sollten Sie nach anderen Eigenschaften suchen.

Sollten Sie sich ein Pferd für eine bestimmte Disziplin wünschen, dann müssen Sie nicht nur genau auf seine emotionalen Voraussetzungen achten, sondern auch sein Gebäude in Betracht ziehen. Sie müssen sicher sein, daß das Pferd körperlich in der Lage ist, Ihnen das zu geben, was Sie möchten. Genau wie beim Menschen gibt es auch bei Pferden Unterschiede, was ihre Leistungsfähigkeit für bestimmte Sportarten angeht: Ihr Gebäude kann ihnen helfen oder sie behindern. Sicherlich würden Sie nicht von einem Sumokämpfer verlangen, an einem Marathonlauf teilzunehmen, oder von einem Pferd mit kurzen Muskeln erwarten, daß es ein Hundert-Meilen-Rennen gewinnt.

Das Gewicht sollte ebenfalls berücksichtigt werden. Die meisten Leute wissen gar nicht, wie wichtig dieser Faktor ist, wenn es um die Entscheidung geht, ob Pferd und Reiter zusammenpassen. Diese Frage wurde mir zum ersten Mal bei einem kanadischen Turnier im Jahr 1950 bewußt. Dort wurden die Jagdpferde entsprechend ihrer Fähigkeit, Gewicht zu tragen, in verschiedene Kategorien eingeteilt. Man unterschied zwischen „leichten", „mittleren" und „schweren" Pferden. Die jeweilige Klasse wurde festgestellt, indem man den Umfang des Röhrenbeins direkt unter dem Karpalgelenk und den Brustumfang in der Gurtenlage maß.

Die Berücksichtigung des Gewichts, wenn Pferd und Reiter zusammenpassen sollen, erscheint nicht nur bei Jagdpferden, sondern bei Pferden aller Rassen logisch. Ich habe schon oft Fälle gesehen, wo das Gewichtsverhältnis von Pferd und Reiter nicht stimmte. Daraus entstehen viele körperliche und Verhaltensprobleme.

Ein Beispiel: Ein Araberwallach wurde wegen seines widerspenstigen Verhaltens zu einem meiner Seminare gebracht. Er fühlte sich sehr unwohl, legte die Ohren zurück, sobald man sich ihm näherte und war ganz allgemein depressiv, träge und unwillig. Dieses etwa 140 cm große Pferd fiel mit Sicherheit in die „leichte" Kategorie. Es war nicht nur klein, sondern auch leicht gebaut und wurde von einer Frau geritten, die etwa 220 Pfund wog. Wir setzten einen wesentlich leichteren Reiter auf ihn, und das Ergebnis war wie zu erwarten! Der Wallach ging gut vorwärts und verlor den depressiven Ausdruck. Seine Reiterin hatte nie daran gedacht, daß ihr Gewicht der Grund für die Probleme sein könnte. Nun stand sie vor einer schwierigen Entscheidung: Sollte sie den Wallach verkaufen und ein für ihr Gewicht besser geeignetes Pferd suchen oder ihr Pferd behalten und es nur noch fahren.

Um fair zu sein, ist es sehr nützlich festzustellen, ob Sie und Ihr Pferd gewichtsmäßig zusammenpassen. Achten Sie darauf, daß Sie für Ihr Pferd nicht zu schwer sind. Sie können aber auch zu leicht sein. Ich habe Fälle von kleinen, leichten Reitern gesehen, die sich 1300 Pfund schwere Warmblüter von 170 cm Stockmaß ausgesucht hatten. Sie konnten sie dann nicht unter Kontrolle halten, weil Pferd und Reiter in Größe und Gewicht nicht harmonierten.

Wenn Sie sich fragen, ob ein Pferd zu Ihnen paßt, empfehle ich Ihnen, die Eindrücke, die Sie von dem Pferd haben, systematisch aufzuschreiben. Fangen Sie damit an, Schritt für Schritt Ihre Analyse des Kopfes und des Körpers des Pferdes aufzuschreiben. Nun machen Sie eine Liste der Qualitäten, die Sie schätzen und derer, die Sie nicht mögen. Wägen Sie sorgfältig ab, ob das Pferd kooperativ ist, gern lernt und körperlich, geistig und emotional in der Lage ist, den Anforderungen, die Sie ihm stellen, zu genügen.

Vielleicht besitzen Sie ja schon ein Pferd. Das sollte Sie aber nicht davon abhalten, von Zeit zu Zeit zu überprüfen, ob Sie wirklich zusammenpassen. Betrachten Sie es so genau wie ein Pferd, das Sie möglicherweise kaufen wollten. Fragen Sie sich: Macht mir der Umgang mit diesem Pferd immer noch Spaß?

Genieße ich seine Ausbildung und die Zeit, die ich mit ihm verbringe, wirklich?

Vielleicht haben Sie Schwierigkeiten. Wenn das der Fall sein sollte, fragen Sie sich, ob Sie vielleicht von Ihrem Pferd zuviel zu schnell verlangen. Überdenken Sie Ihre Ausbildungsmethoden. Nehmen Sie sich die Zeit, Ihr Pferd zu beurteilen, um zu sehen, ob es wirklich die Leistung erbringen kann, die Sie von ihm erwarten. Bedenken Sie die körperlichen, mentalen und emotionalen Fähigkeiten Ihres Pferdes, die Grenzen, die seine Persönlichkeit ihm setzt, genau wie seine Stärken.

Sie werden daraus viele Schlußfolgerungen ziehen können. Vielleicht werden Sie entdecken, daß das neugewonnene Verständnis für Ihr Pferd Ihnen die Fähigkeit gibt, alle Probleme zu lösen, die Sie miteinander hatten. Anstatt die Schuld für Ihre mißglückten Ausbildungsversuche bei sich selbst zu suchen, werden Sie vielleicht feststellen, daß Ihr Pferd ein spezifisches Problem oder eine Lernschwierigkeit hat. Vielleicht können Sie ihm helfen, diese Schwierigkeit mit einer einfachen neuen Methode zu meistern.

Immer wieder sehe ich Fälle, in denen sich eine Person zu einem für sie wirklich unpassenden Pferd hingezogen fühlt. Weil es aber Liebe auf den ersten Blick war, will er oder sie nicht gleich aufgeben. Wenn eine Person bei einem schwierigen Pferd bleibt, kann es manchmal sein, daß das Pferd dem Reiter letzten Endes eine völlig neue Art zu denken beibringt. Während sie zusammen an Schwierigkeiten arbeiten, können gerade diese Schwierigkeiten ihnen ganz neue Welten eröffnen. Letztendlich ist ja nicht das Ziel, sondern der Weg selbst wichtig.

Ich hoffe, dieses Buch kann Ihre Beobachtungsgabe verfeinern und Ihnen in der Art, Pferde und das Reiten überhaupt zu betrachten, eine ganz neue Dimension eröffnen.

Kapitel 2

TTEAM: Das Werkzeug für Veränderungen

Als ich in den siebziger Jahren über Pferdepersönlichkeit unterrichtete, dachte ich nie daran, den Charakter eines Pferdes zu beeinflussen oder zu verändern. Ich erinnere mich an einen Artikel, der besagte, daß nervöse Pferde nicht zu ändern seien. Und ich weiß noch, wie ein Olympiareiter zu seinen Schülern sagte: „Ein Pferd, das einmal beißt, beißt immer." Aber als wir begannen, das System der Pferdeausbildung zu entwickeln, das wir heute TTEAM nennen, wurde mir klar, daß besondere Techniken und Übungen tatsächlich angeborene Charakteristika veränderten oder abschwächten. Zu meiner Überraschung stellte ich fest, daß durch eine spezielle Art von Arbeit am Körper eines Pferdes dieses von Angst, körperlichem Unbehagen oder Schmerzen befreit werden kann. Die Lernfähigkeit eines Pferdes läßt sich durch sorgfältig angeordnete Bodenübungen steigern. All das zusammengenommen kann die Pferdepersönlichkeit beeinflussen und tut es tatsächlich auch.

Die TTEAM-Bodenübungen wirken auf die körperlichen und die Verhaltensprobleme ein, indem sie die Fähigkeit des Pferdes, zu lernen und mitzuarbeiten, ebenso unglaublich erweitern und verbessern wie sein Gleichgewicht und seine Koordination.

Der Tellington-TTouch besteht aus einer Reihe von kreisenden Bewegungen, die mit der Hand und den Fingern ausgeführt werden. Die Absicht ist, die Funktion der Zellen zu aktivieren und die Kommunikation und das Verständnis zwischen Pferd und Trainer zu vertiefen. Bei jedem TTouch werden die Hände und die Finger in unterschiedlichen Positionen gehalten und arbeiten mit unterschiedlichem Druck, je nachdem, welchen Effekt man erzielen möchte.

Der TTouch wird angewandt, um Entspannung zu fördern und zu verbessern, die sportliche Leistungsfähigkeit zu steigern, Heilungsprozesse voranzutreiben und Streß bei Leistungspferden zu vermindern.

Der Tellington-TTouch

Die Kreise

Die Anleitungen zu unserem ersten TTouch sind ziemlich einfach. Die Grundlage des TTouches und seine Anwendung ist eine Kreisbewegung, die wir den „Wolken-Leoparden" nennen. Wir unterrichten diesen TTouch zuerst, weil seine Techniken und Grundsätze die Basis für alle im Kreis ausgeführten TTouches sind.

Orientieren Sie sich zuerst: Stellen Sie sich das Zifferblatt einer markstückgroßen Uhr irgendwo auf dem Pferdekörper vor. Während Sie die linke Hand leicht auf Ihrem Pferd ruhen lassen, nehmen Sie die rechte Hand und legen die Finger unten in der Mitte des Kreises des vorgestellten Zifferblattes auf sechs Uhr. Die Fingerhaltung ist leicht gekrümmt und ähnelt der einer Pfote. So drücken Sie die Haut um die „Uhr" im Uhrzeigersinn eineinviertelmal herum und lassen sie wieder los. Behalten Sie einen gleichmäßigen Druck bei, während Sie die Haut von sechs Uhr einmal rundherum wieder bis sechs Uhr und dann weiter bis nach acht Uhr bewegen. Bei der Acht angekommen, halten Sie eine Sekunde inne. Wenn sich das Tier durch die Berührung entspannt hat, nehmen Sie die Finger vorsichtig weg und fahren an einer beliebigen anderen Stelle fort. Die Hand und der Arm sollten entspannt und beweglich sein. Es ist natürlich, den Atem anzuhalten, wenn wir uns konzentrieren. Dabei versteifen sich aber die Finger, was bewirkt, daß das Pferd sich eher verspannt, anstatt sich zu entspannen. Denken Sie also daran, ruhig und rhythmisch zu atmen.

Normalerweise machen wir die Kreise im Uhrzeigersinn, was das Pferd integriert und stärkt. Wenn wir es aber mit einem sehr widersetzlichen oder verspannten Pferd zu tun haben, fangen wir manchmal mit Kreisen gegen den Uhrzeigersinn an (die Verspannungen abbauen) und wechseln später, wenn das Pferd sich beruhigt hat, zu Kreisen im Uhrzeigersinn über.

Beim eigentlichen TTouch sollen die willkürlich plazierten Kreise die Aufmerksamkeit des Pferdes erhalten. Es bleibt in einer Erwartungshaltung, weil es sich fragt, von wo die nächste Bewegung kommen wird. Da jeder Kreis eine in sich abgeschlossene Bewegung ist, können Sie sie in jeder beliebigen Reihenfolge auf dem Körper plazieren, ohne daß sie an Wirkung verlieren. Wenn das Pferd beginnt, den TTouch zu akzeptieren, folgen Sie einer gedachten parallelen Linie entlang der Oberlinie des Pferdes, und verbinden Sie jeden der Kreise mit einer leichten Streichbewegung von etwa fünf Zentimetern zwischen den Kreisen.

Wichtig ist, nur *einen* Eineinviertelkreis auf einmal an einer Stelle zu machen. Fast jeder, der den TTouch lernt, neigt am

Anfang dazu, den Kreis immer wieder an den gleichen Stelle zu machen. Seltsamerweise machen die meisten Menschen drei aufeinanderfolgende Kreise, was das Pferd aber nur irritiert.

Benutzen Sie den Daumen als stabilisierende Unterstützung und bewegen Sie die drei mittleren Finger zusammen mit einer weichen Bewegung, wenn Sie einen Kreis machen. Lassen Sie den kleinen Finger weich folgen. Die Gelenke der Finger sollen eher gerundet als gerade sein. So können sie locker und entspannt sein und die Kreisbewegungen mitmachen. Machen Sie einmal einen Kreis bei sich selbst mit steif gehaltenen Fingern und dann, um die unterschiedliche Wirkung zu erkennen, denselben Kreis mit weichen Fingergelenken, wobei Sie besonders auf das erste Fingergelenk achten sollten. Ist es nicht mit beweglichen Gelenken viel leichter?

Wenn Sie mit dem TTouch arbeiten, ist es wichtig, daß Ihre Kreise auch wirklich rund sind, und daß sie mit einer fließenden, weichen Bewegung ausgeführt werden.

Falls Ihr Pferd nicht stehenbleibt, wenn Sie die ersten Kreise machen, dann machen Sie die Kreise ziemlich schnell, so daß Sie etwa eine Sekunde für jede Kreisbewegung brauchen. Wenn Ihr Pferd Vertrauen faßt und anfängt, die Behandlung zu genießen, werden Sie spüren, daß es einen Zustand erreicht, in dem es Ihnen mit seinem ganzen Körper „zuhört". Nun können Sie die Kreise langsamer machen, so daß Sie für jede Kreisbewegung etwa drei Sekunden brauchen. Um diesen langsameren Kreis zu vervollständigen, nehmen Sie die Finger nicht einfach weg, wenn Sie die Acht-Uhr-Position erreicht haben, sondern warten kurz und nehmen dann die Finger allmählich weg, so, als ob ein Schwamm sie langsam nach oben und vom Körper wegdrücken würde.

Der erste, schnellere Kreis macht den Körper aufmerksam. Die zweite, langsamere Variante löst Muskelsverspannungen, verbessert die Atmung und gibt Ihnen einen Schlüssel zu einer tieferen Ebene der Kommunikation.

Der Druck

Immer wieder werde ich gefragt: „Wird man bei dieser Arbeit nicht müde?" „Nein", sage ich, „wenn Ihre Hände müde werden oder Ihr Pferd nervös bleibt, müssen Sie Ihre Technik verbessern. Der richtige Druck hat nichts mit Muskelkraft zu tun, sondern mit der Handhaltung und dem bewußten Bemühen, weich und frei zu atmen."

Meistens ist es unsere Absicht, mit TTEAM die Zellen anzuregen, und Sie müssen kein Bodybuilder sein, um die Stärke des Drucks richtig ausführen zu können. Es gibt aber auch Situationen, bei denen man mit den TTouches etwas tiefer arbeiten möchte, zum Beispiel bei einem Pferd mit einer desinteressierten Persönlichkeit.

Beim TTouch benutzt man ein Skala von 1–10 um die Druckstärke darzustellen. Um die Druckstärke jeder Zahl herauszufinden, fangen wir mit der Eins als Richtwert an. Um die Druckstärke zu üben und die einzelnen Werte unterscheiden zu können, halten Sie die rechte Hand vor das Gesicht und drücken den gebeugten rechten Ellbogen mit der anderen Hand gegen den Körper, um ihn zu stabilisieren (natürlich können Sie die Hände andersherum benützen, wenn Sie Linkshänder sind).

Um die Hand ruhig zu halten, stützt man den Daumen auf der Wange ab, dann legt man die Fingerspitze des Mittelfingers auf sein Augenlid und bewegt die Haut des Augenlids mit dem leichtestmöglichen Druck in einem Kreis (bitte seien Sie vorsichtig, wenn Sie Kontaktlinsen tragen). Nehmen Sie nun den Finger weg und wiederholen Sie diese Übung dann noch einmal, um ein Gefühl dafür zu bekommen wie leicht der leichteste aller TTouches ist.

Als nächstes machen Sie auf dem bemuskelten Teil Ihres Unterarms einen Kreis mit der gleichen Druckstärke, die Sie für das Augenlid gebraucht haben. Beachten Sie, daß dabei nur eine kleine Vertiefung in der Haut Ihres Unterarms sichtbar werden darf. Dieser leichteste kreisförmige Druck ist die Nummer eins.

Um die Druckstärke drei herauszufinden, machen Sie jetzt den Kreis auf dem Augenlid so stark wie möglich, aber so, daß es noch angenehm ist (ich betone dabei immer das „angenehm" und sage meinen Schülern, daß sie sich nicht das Auge herausdrücken sollen). Um die sensorische Erinnerung an diesen Druck im Gedächtnis zu behalten, probieren Sie ihn noch einmal auf Ihrem Unterarm aus, um zu spüren, wie er sich dort anfühlt. Überzeugen Sie sich nun von der richtigen Druckstärke, indem Sie die Vertiefung in der Haut beobachten, die der Druck erzeugt. Bleiben Sie nun auf Ihrem Unterarm, reduzieren Sie den Druck auf Stärke eins und vergleichen Sie sie mit Stärke drei. Beachten Sie den Unterschied bei dem so erzeugten Gefühl und bei der Tiefe des Eindrucks.

Ein doppelt so starker Druck ist eine Sechs und ein dreimal so starker Druck auf den Muskel ist eine Neun oder Zehn. Wenn ein Druck, der stärker als eine Sieben ist, mit den Fingerkuppen ausgeführt wird, kann er sowohl den Behandelnden als auch den Behandelten schmerzen. Wenn man aber die Finger etwas steiler stellt, so daß das erste Glied des Fingers in einem Winkel von etwa 90 Grad zum Pferdekörper gehalten wird, können Sie die Bewegung mit den Nägeln ausführen und tief in den Muskeln eindringen, ohne Schmerzen zu verursachen (siehe Bären-Touch Seite 164).

Sie werden feststellen, daß Sie so lange mit den unterschiedlichen Druckstärken experimentieren, bis Sie die gefunden haben, die für das jeweilige Pferd richtig ist. Pferde, die stärker bemuskelt sind, reagieren auf die größeren Druckstärken oft besser. Falls sie aber Schmerzen oder Entzündungen haben, sollten Sie wohl besser mit einer Druckstärke von zwei bis vier arbeiten.

Der Wolken-Leopard

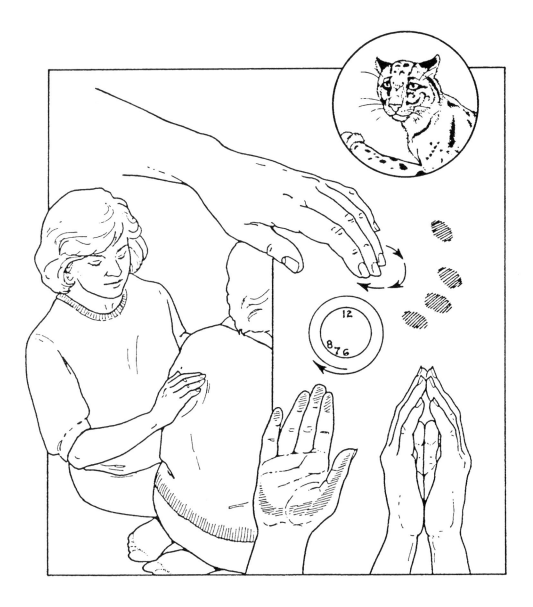

Wann: Die Grundform des Tellington-TTouches ist der Wolken-Leopard. Der Wortteil „Wolke" soll die Leichtigkeit beschreiben, mit der die ganze Hand den Körper berührt (so leicht wie eine Wolke), und der „Leopard" symbolisiert die Skala der Druckstärken, die die Finger ausüben. Ein Leopard kann so leichtfüßig sein wie die leichten TTouches von eins, zwei oder drei, oder so kräftig, wie die Druckstärke von sechs bis neun. Der stärkere Leoparden-TTouch ist für kräftig bemuskelte oder blockierte Pferde geeignet.
Wie: Halten Sie die Hand leicht gekrümmt und benutzen Sie die Fingerballen, um Kreise wie zuvor auf Seite 160 beschrieben zu machen.

Der Liegende Leopard

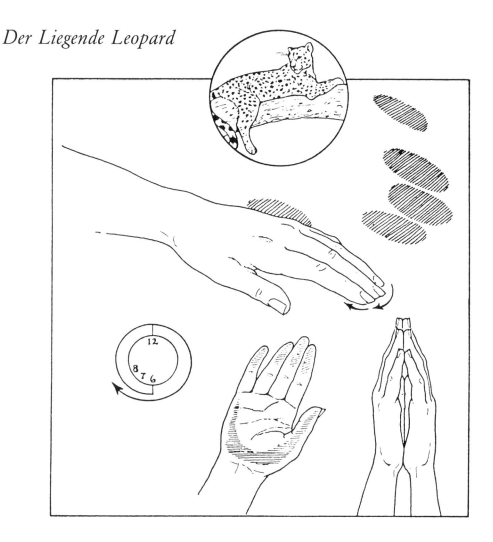

Wann: Dieser TTouch eignet sich gut für ein besonders sensibles Pferd, für das der „Wolken-Leopard" zu eindringlich oder bedrohlich ist. Er wirkt auch gut gegen Schmerzen und hilft, zu erwartende Schwellungen einzudämmen.

Wie: Da der Leopard bei diesem TTouch liegt, ist die Wölbung der Hand etwas flacher und erlaubt durch größere Auflagefläche einen wärmeren Kontakt. Denken Sie daran, die Fingergelenke leicht gekrümmt zu halten. So bleiben Hand, Arm und Schulter entspannt, was wiederum hilft, die Atmung ruhig und rhythmisch zu halten.

Falls das Pferd nervös ist und nicht angefaßt werden will, sollten Sie die Kreise schneller machen. Wenn es sich beruhigt, können Sie die Kreise verlangsamen. Achten Sie dabei darauf, die Kreise rund zu machen und wirklich zu fühlen, wie sich die Haut unter Ihren Fingern bewegt.

Vergleichen Sie das Gefühl des Wolken-Leoparden mit dem des Liegenden Leoparden abwechselnd auf Ihrem eigenen Arm, um so zu erkennen und zu fühlen, wann man welchen am besten anwendet.

Den Liegenden-Leoparden-TTouch verwende ich oft bei frischen Verletzungen, um den Schmerz zu lindern und die Schwellungen abzubauen. Wenn eine Stelle sehr schmerzt oder verletzt ist, wölben Sie Ihre Hand vorsichtig über dem verletzten Bereich und bewegen Sie die Haut mit einem Zweier-Druck in einem Kreis, wobei Sie die gewölbte Innenfläche Ihrer Hand direkt über die Wunde halten. Probieren Sie das an sich selbst aus und beachten Sie, wie es sich anfühlt: Es sollte Ihnen ein beschützendes Gefühl vermitteln. Wenn der Schmerz im Verletzungsbereich zu groß ist, um direkt dort zu arbeiten, machen Sie zuerst ganz sanft kleine, langsame Kreise um die Wunde herum, ehe Sie die gewölbte Hand darüberlegen. Manchmal ist es notwendig, die entsprechende Körperstelle auf der anderen Körperseite mit dem TTouch zu behandeln, um Vertrauen aufzubauen. Ist die Wunde offen und Erste-Hilfe-Material zur Hand, sollte man die Wunde zuerst mit einem sterilen Tuch bedecken, ehe man mit der Arbeit beginnt.

Der Waschbär

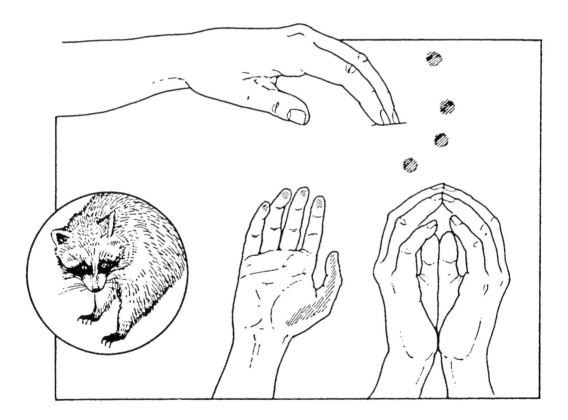

Wann: Dieser TTouch wurde nach den winzigen, zierlichen Bewegungen benannt, mit denen ein Waschbär sein Futter wäscht. Er wird für besonders feinfühlige Arbeit gebraucht und eignet sich, um kleine Bereiche zu bearbeiten, den Heilungsprozeß bei Wunden zu beschleunigen und bei Schwellungen schmerzlose Abhilfe zu schaffen. Er hilft, den Blutkreislauf anzuregen und die Nervenimpulse in den unteren Beinpartien zu aktivieren.
Wie: Mit kleinstmöglichem Druck benutzt man die Fingerspitzen direkt hinter den Nägeln.

Der Bär

Wann: Beim Bären-TTouch können die Finger tief in muskulöse Bereiche eindringen, ohne daß der Behandelnde oder der Behandelte sich unwohl fühlen.

Wie: Ihre Fingernägel sollten eine mittlere Länge haben, etwa zwischen zwei und drei Millimeter, jedenfalls so lang, daß der Behandelte die Nägel und nicht die Fingerballen spürt, wenn man die Finger gerade hineindrückt. Der ganze Kreis wird so mit nach unten gerichteten Fingern ausgeführt. Im bemuskelten Bereich soll sich der TTouch so anfühlen, als ob man die Muskelschichten trennt, sich aber nicht in den Muskel hineingräbt.

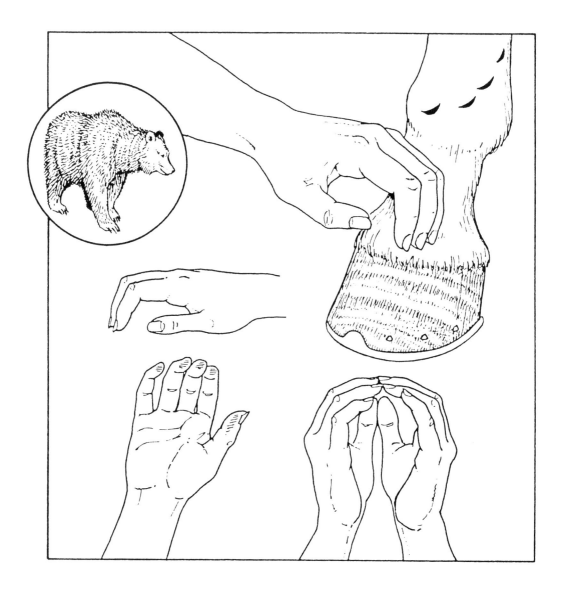

Der Schlag mit der Bärenpranke

Wann: Dieser TTouch ist nützlich, wenn man mit einem Pferd zu arbeiten beginnt, das Berührungsängste hat. Wir gebrauchen ihn auch bei Schaupferden, mit denen wir zuerst mit dem TTouch gearbeitet haben, kurz bevor sie dann in den Showring gehen. Nach einer beruhigenden TTouch-Behandlung weckt der „Schlag mit der Bärenpranke" den Körper auf und macht das Pferd aufmerksam, ohne Nervosität zu verursachen. Beendet man eine Lektion nicht auf diese Weise, kann ein Pferd *zu* entspannt sein, um eine wirklich gute Leistung erbringen zu können.

Wie: Dieser TTouch ist eine fegende Bewegung, die in langen Bögen vom Genick aus beginnt und über den Hals, die Schultern, den Rücken und die Hinterhand nach unten ausgeführt wird. Die Bewegung erinnert mich an einen Bären, der nach Lachsen fischt, oder an einen Menschen, der Fussel von seiner Jacke streift. Die Druckstärke dieses TTouches ist von Pferd zu Pferd verschieden. Manche mögen eine kräftige Bewegung mit Kontakt, während andere einen ganz leichten, nur streifenden TTouch vorziehen, der sich anfühlt, als ob man sie mit einer Feder berührte. Ihre Handgelenke sollten locker bleiben, während Sie von einer Stelle zur anderen springen. Vielleicht bewegt sich das Pferd am Anfang noch etwas unruhig, während Sie von einer Stelle zur anderen springen, aber im allgemeinen gibt sich das bald.

166 Fördern Sie die guten Eigenschaften

Noahs langer Marsch

Wann: Die Hand streicht mit einer langen, festen Bewegung über den ganzen Körper. So beenden wir gern eine TTouch-Behandlung. Nach dem Gefühl der Wiederbelebung, das wir den einzelnen Körperteilen durch den TTouch vermittelt haben, gibt „Noahs langer Marsch" ein Gefühl von Ganzheit und Wiedereingliederung.

Wie: Fangen Sie mit festen, langen Streichbewegungen am Kopf an. Berühren Sie jeden Zentimeter des Körpers mit einer Bewegung, als ob Sie mit der Sense Heu mähen würden.

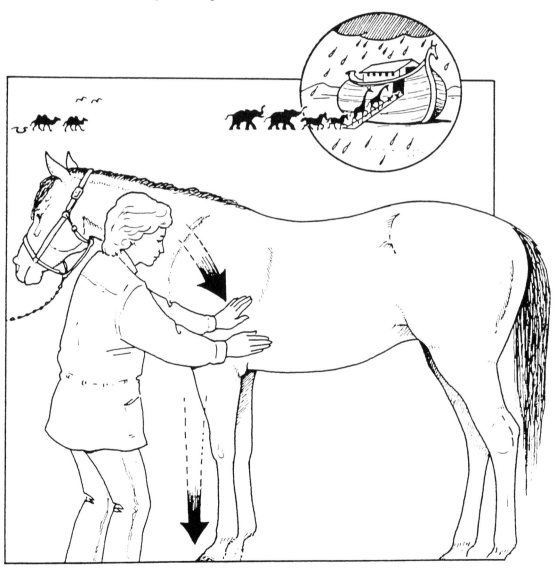

Den Rücken anheben

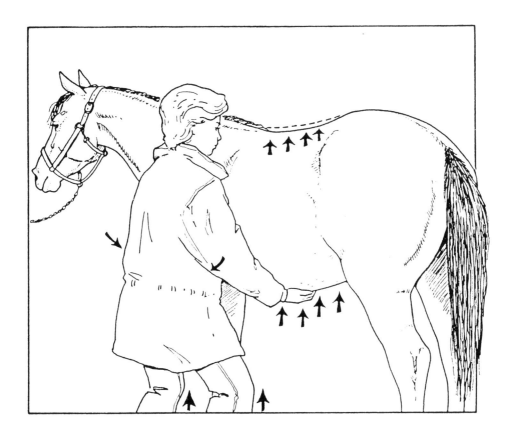

Das „Rücken-anheben" verändert die Stellung der Wirbel zueinander und ermöglicht es dem Pferd, den Hals zu senken und lang zu machen.
Wann: Rücken anheben hat sich bei folgenden Fällen bewährt:
- um den Pferdekopf zu senken,
- um dem Pferd eine Möglichkeit zur Aktivierung der Bauchmuskeln zu geben, damit es ein neues Gefühl im Rückenbereich bekommt,
- bei Senkrücken,
- bei Hirschhälsen,
- um hohle Bereiche im Rücken und Widerrist auszufüllen, die entstehen, wenn das Pferd den Rücken wegdrückt, zum Beispiel nach dem Satteln oder beim Aufsteigen,
- bei Pferden, die beim Putzen sehr empfindlich sind,
- bei hochträchtigen Stuten,
- bei einem älteren Pferd, dessen Rücken sich gesenkt hat.

Wie: Die Zeichnung zeigt, wie die Fingerspitzen mit den Nägeln in einer Bewegungsfolge von schnellem Drücken und Loslassen gleich hinter dem Vorderbein an der Mittellinie des Bauches gebraucht werden. Achten Sie darauf, langsam zu beginnen, damit Sie nicht getreten werden. Wenn Ihr Pferd einmal gelernt hat, den Rücken aufgrund des Drucks mit den Fingernägeln anzuheben, werden Sie feststellen, daß Sie das gleiche Ergebnis erreichen können, wenn Sie Ihrem Pferd einfach mit gespreizten Fingern von der Mittellinie nach oben hin über den Bauch streichen.

Falls Ihr Pferd für diese Übung zu empfindlich ist, beginnen Sie mit dem Wolken-Leoparden-TTouch entlang der Mittellinie.

Die Untersuchung des Pferdekörpers auf Schmerz und Streß

Der Untersuchungs-TTouch

Die TTouch- und Druck-Untersuchung wird angewandt, um den Verspannungsgrad eines Pferdes herauszufinden. Durch die körperliche Reaktion, die wir hervorrufen, entdecken wir den Streß oder den Schmerz, der vielleicht die Persönlichkeit beeinflußt.

Am besten beginnen Sie die TTouch-Untersuchung mit dem Bären-TTouch. Zur Untersuchung drücken Sie mit den Fingerspitzen und den Nägeln, leicht gebogen wie Angelhaken, kurz nach unten und lassen dann los. Fangen Sie mit Druckstärke fünf an. Dann können Sie den Druck beliebig in jede Richtung der Druckskala verändern, um den geeignetsten Druck zu finden. Falls Sie einen milden Druck von Stärke drei benutzen und Ihr Pferd dennoch zu beißen und zu schlagen versucht, kann das ein Zeichen dafür sein, daß das Pferd aufgrund einer Hormonstörung übersensibilisiert ist. Es kann auch einmal ungerecht bestraft worden sein und nun Angst haben oder tatsächlich Schmerzen leiden.

In diesen Fall sollten Sie zum Liegenden-Leoparden-TTouch von einer Zweier- oder Dreier-Druckstärke übergehen, um ein warmes, beruhigendes Gefühl zu vermitteln. Angst und Unbehagen verschwinden dann normalerweise. Mit Druckstärke fünf wird ein normales Pferd zwar reagieren, aber ohne Angst oder Krämpfe.

Nehmen wir nun einmal den umgekehrten Fall an – sagen wir, Sie erhöhen die Druckstärke auf neun oder zehn, und dennoch ist Ihr Pferd träge und reagiert kaum. Der richtige Schritt ist nun, tiefer in die Bereiche des Körpers einzudringen, die am wenigsten Reaktion zeigen. Mit diesem „durchdringenden" Druck geben Sie den Zellen eine Möglichkeit, etwas zu fühlen, und dem Nervensystem eine Chance zu reagieren. Das erhöht oft die Empfindlichkeit des Pferdes. Meist braucht es nur etwa zehn Minuten dieser Tiefenarbeit, um das Pferd in der nächsten Behandlung sehr sensibel zu machen, also übertreiben Sie die tiefen TTouches nicht.

Die Untersuchung

Um die Bereiche zu finden, die am sensibelsten oder am schmerzempfindlichsten sind, beginnen Sie Ihre Untersuchung am Hals, in der Mitte der großen Muskeln gerade hinter den Ohren. Stellen

Die Untersuchung

Der Untersuchungs-TTouch: Verschiedene Körperteile von Elena Petrushkovas russischem Hengst, einem Olympia-Goldmedaillengewinner, sind hervorgehoben. Sie können diese Markierungen benutzen, um die Bereiche zu finden, die Sie mit dem TTouch erforschen können.

Sie sich vor den Kopf Ihres Pferdes und streicheln Sie es zunächst einmal mit der flachen Hand, um es nicht zu überraschen. Dann können Sie mit dem Bären-TTouch mit beiden Händen auf beiden Halsseiten anfangen. Reagiert Ihr Pferd zunächst sehr heftig, weil es das Gefühl nicht erwartet hat, streicheln Sie Ihr Pferd erst, bevor Sie es noch einmal versuchen.

Bewegen Sie dann Ihre Hände den Hals entlang und zu den Schultern hin, wobei Sie noch immer von beiden Seiten her Druck ausüben. Nachdem Sie die Schultern untersucht haben, stellen Sie sich neben das Pferd. Sie können zwar nicht beide Seiten gleichzeitig erforschen, aber achten Sie unbedingt darauf, eine Hand – auf der gegenüberliegenden Seite der Wirbelsäule plaziert – unterstützend zu gebrauchen, während Sie mit der anderen Hand den Untersuchungs-TTouch ausführen.

Seien Sie vorsichtig und achten Sie auf die Reaktion Ihres Pferdes. Sie könnte in einer kräftigen Drohung, einem Schlag oder Biß bestehen, wenn Ihr Pferd sehr empfindlich ist oder wunde Punkte hat. Denken Sie daran, daß das seine Art ist, mit Ihnen zu „reden". Hören Sie also zu und seien Sie immer auf der Hut. Beenden Sie Ihre Untersuchung, indem Sie zwischen den TTouches kräftig über den Körper streichen.

Übungen für den Anfang

Diese Übungen für Anfänger Schritt für Schritt aufzuzeichnen war das „geistige Kind" meiner Schwester Robyn Hood. Robyn ist mit der Entwicklung der TTEAM-Arbeit so untrennbar verbunden wie die Rinde mit einem wachsenden Baum. Sie ist eine besonders einfallsreiche, einfühlsame TTEAM-Lehrerin, die es inmitten der Anforderungen, die ihr eigenes Leben mit Kindererziehung und der Zucht und dem Verkauf von Islandpferden an sie stellt, auch noch schafft, unseren TTEAM-Rundbrief herauszugeben. Die Kreativität und der Scharfblick, die Robyn einbringt, sind ein lebenswichtiges Element bei der Verfeinerung der TTEAM-Methoden, denn mit fortschreitender Zeit und Erfahrung haben wir immer wieder neue und verbesserte Techniken entwickelt.

Die Ausbilderin in den folgenden Bildsequenzen ist Robyn. Ihr Mann Phil Pretty hat sie bei der Arbeit mit ihrem Pferd „Buddha" fotografiert.

Eine der wirkungsvollsten Arten, TTEAM zu gebrauchen, besteht darin, die Methode in unsere tagtägliche Arbeit mit den Pferden zu integrieren. Selbst wenn man keine spezifische Methode anwendet, wird Ihre Einstellung und die Art und Weise, wie Sie Ihr Pferd sehen, Ihnen dabei helfen, eine ganz neue Beziehung aufzubauen.

Am einfachsten kann man damit beim Putzen beginnen. Wenn Sie Ihr Pferd von beiden Seiten beim Putzen anbinden, dann überprüfen Sie, auf welcher Höhe die Anbindestricke festgemacht sind. Wenn die Anbindestricke zu hoch angebracht sind, so daß das Pferd den Kopf nicht senken kann, um seinen Hals waagrecht zu halten, wird es nicht soviel vom Putzen haben. Wenn es den Kopf hochhält, neigt es dazu, den Rücken wegzudrücken, wenn man darüber bürstet. Wir empfehlen, das Pferd so auszubilden, daß es beim Putzen auch unangebunden still steht.

Es ist für das körperliche, emotionale und geistige Gleichgewicht des Pferdes wichtig, daß wir ihm erlauben, seinen Kopf in einer günstigen Position zu halten. Außerdem ist es nützlich, seinem Pferd beizubringen, nach der TTEAM-Methode auf ein Zeichen hin seinen Kopf zu senken, um:
- den Flucht-, Kampf- oder Angststarre-Reflex zu überwinden,
- Muskelspannung in Hals und Rücken zu vermindern,
- das rhythmische Atmen zu fördern,
- dem Ausbilder eine ranghöhere Position zu geben, ohne Gewalt anwenden zu müssen.

Es gibt zwei Hilfsmittel, die wir bei der TTEAM-Arbeit verwenden: eine 120 cm lange Dressurgerte, von uns „Stab" *(wand)* genannt, und eine 75 cm lange Kette, die an einem 180 cm langen Führstrick aus Nylon befestigt ist. Die Kette wird durch den Ring an der linken Seite des Nasenriemens gefädelt und dann um den Nasenriemen herum einmal quer über den Nasenrücken geführt. Nun werden Kette und Verschluß durch den Ring an der rechten Seite des Halfters nach außen gefädelt und im oberen rechten Ring des Halfters eingehakt (siehe auch Abbildung Seite 118).

Weil so viele Menschen Mißbrauch mit Ketten gesehen haben, gibt es manchmal Diskussionen wegen unseres Kettengebrauchs. Die Art, wie die Kette geführt wird, gibt dem Pferd ein viel klareres Zeichen als ein Führstrick, der unter dem Kinn eingehakt ist. Wir benutzen die Kette nicht, um das Pferd zu bestrafen. Und wir binden ein Pferd selbstverständlich nie mit einer Kette an.

Übungen für den Anfang 171

Die folgenden Abbildungen 1–19 zeigen, wie man mit der TTEAM-Körperarbeit beginnt:

1. Dies ist eine Möglichkeit, den Kopf eines Pferdes zu senken. Streichen Sie zuerst über den Hals, die Brust und den Widerrist des Pferdes, damit es sich an den Stab gewöhnt. Das Abstreichen mit dem Stab hilft dem Pferd, sein Gleichgewicht zu behalten, wenn es den Kopf tiefer nimmt, und trägt dazu bei, die Halsmuskeln zu entspannen. Fordern Sie Ihr Pferd auf, den Kopf zu senken, indem Sie die Finger mit wenig Druck, aber bestimmt auf das Nasenband legen. Fädeln Sie nun die Führkette wie beschrieben durch den Ring auf der linken Seite des Halfters, quer über den Nasenrücken, dann von innen nach außen durch den Ring an der rechten Seite, und haken Sie die Führkette in den obersten Ring des Halfters an der rechten Seite ein.

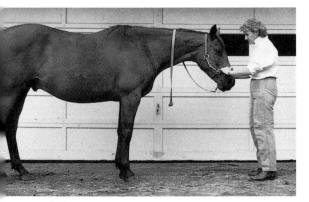
Abb. 1

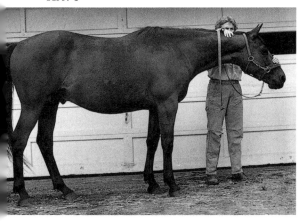
Abb. 2

2. Fordern Sie Ihr Pferd dazu auf, den Kopf zu senken, indem Sie eine Hand auf den Mähnenkamm und die andere auf den Nasenrücken legen. Das Genick sollte nun auf der Höhe des Widerrists sein, bei einem sehr nervösen Pferd auch noch etwas tiefer. In dieser Haltung kann sich das Pferd entspannen, ist aber trotzdem noch konzentrationsfähig und „schaltet nicht einfach ab". Probieren Sie den Wolken-Leoparden, indem Sie mit den Fingerkuppen der rechten Hand einzelne Kreise oben am Hals beschreiben. Sie können auch den Mähnenkamm sanft zwischen dem Daumen und den Fingern anheben, halten und dann langsam loslassen.

Das läßt sich auch auf das Reiten übertragen. Wenn Ihr Pferd sich aufregt und den Kopf höher nimmt, greifen Sie nach vorn und bearbeiten Sie seinen Mähnenkamm genauso, wie Sie es vom Boden aus getan haben. Ihr Pferd wird sich beruhigen, weil das eine gewohnheitsmäßige Reaktion geworden ist.

3. Probieren Sie das Halsschaukeln, um Ihr Pferd zwischen einzelnen Prüfungen auf einem Turnier zu entspannen. Mit einer Hand auf dem Mähnenkamm und einer Hand am Unterhals schaukeln Sie die Ober- und Unterseite des Halses sanft hin und her. Auf diesem Foto können Sie sehen, daß die Augen des Pferdes beinahe geschlossen sind.

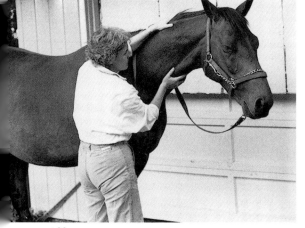
Abb. 3

172 Fördern Sie die guten Eigenschaften

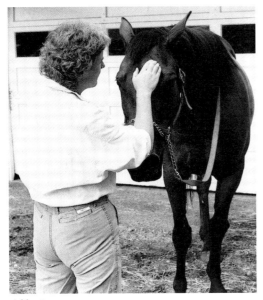

Abb. 4

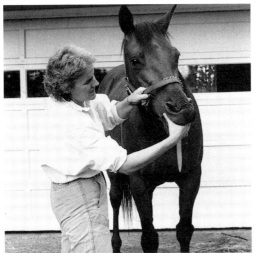

Abb. 5

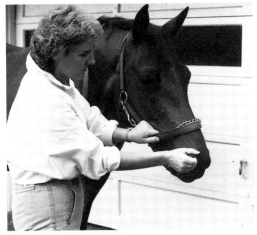

Abb. 6

4. Die linke Hand liegt auf dem Nasenband, während Sie mit der rechten Hand an beliebiger Stelle einzelne Kreise im Uhrzeigersinn auf der Stirn, um die Ohren herum und dann das Gesicht hinunter beschreiben. Ein paar Minuten dieser Arbeit helfen einem zu emotionalen Pferd schon, sich besser zu konzentrieren. Und sie werden dazu beitragen, ein harmonisches Verhältnis zwischen Ihnen und Ihrem Pferd herzustellen. Falls Ihr Pferd kopfscheu und schwierig zu fangen ist und Ihnen nicht vertraut, können Sie mit dieser Arbeit in ein paar Behandlungen große Fortschritte machen.

5. Das Innere des Mauls zu behandeln hilft Pferden sehr, die zu emotional oder überhaupt zu stark reagieren, schwierig zu entwurmen und aufzutrensen sind, sich die Nasenbremse nicht anlegen lassen wollen, sich die Zähne nicht feilen lassen, beißen, zu sehr auf der Trense herumkauen, die Zunge heraushängen lassen, an der Zunge saugen oder mit den Zähnen knirschen. Halten Sie die Hand flach, mit den Fingern nahe zusammen. Reiben Sie das Zahnfleisch, wo die Oberlippe und das Zahnfleisch zusammenkommen. Machen Sie Ihre Hand naß, falls das Maul Ihres Pferdes trocken sein sollte. Beachten Sie, daß die Ausbilderin das Halfter mit der linken Hand festhält, um den Kopf zu stabilisieren. Arbeiten Sie auch genauso mit dem Zahnfleisch des Unterkiefers.

6. Die Nüstern eines Pferdes zu bearbeiten hilft dem Pferd, toleranter zu sein, und erleichtert in einem Notfall das Intubieren. Es fördert die Entspannung, wenn das Pferd sich einmal daran gewöhnt hat. Wieder hält die linke Hand das Halfter mit wenig Druck, aber fest. Benutzen Sie den Handballen, um mit einer sanften, aber nachdrücklichen Bewegung nach unten zu streichen. Zu leichter Druck kitzelt, und zuviel Druck irritiert.

Übungen für den Anfang **173**

7. Falls Ihr Pferd Schwierigkeiten hat, vom Boden aus den Kopf zu senken, oder unter dem Sattel auf der rechten oder linken Seite etwas steif ist, versuchen Sie ihm zu zeigen, wie es sich biegen kann. Hier macht die Hand der Ausbilderin kleine Waschbären-Kreise auf der Höhe des zweiten Halswirbels, während die rechte Hand dem Pferd hilft, sich nach rechts zu biegen. Die Hand leitet den Kopf, übt aber keinen Zwang aus. Oft bewegt ein Pferd seine Hinterhand zur Seite, anstatt sich im Hals zu biegen – nicht etwa, weil es widersetzlich ist, sondern weil es steif ist und seinen Hals nicht leicht biegen kann. Deshalb bewegt es statt dessen seine Hinterhand. Falls das geschehen sollte, fordern Sie weniger Biegung im Hals von ihm oder versuchen Sie, seinen Kopf höher oder tiefer zu halten, um eine bequeme Stellung zu finden, in der es die Bewegung lernen kann. Sie können auch eine andere Methode verwenden, um es dazu aufzufordern, sich zu biegen. Sie wird im nächsten Foto dargestellt.

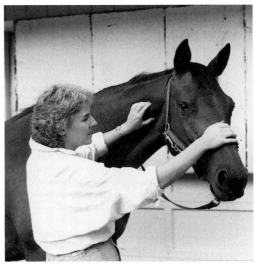

Abb. 7

8. Die rechte Hand der Ausbilderin liegt leicht auf der rechten Ganasche des Pferdes, während die linke Hand seinen Kopf in die Senkrechte führt. Beginnen Sie mit der Seite, auf der das Pferd sich leichter biegt, und biegen Sie seinen Hals bis zu dem Punkt, an dem er steif wird. Biegen Sie dann den Kopf auf die andere Seite. Wiederholen Sie dieses Biegen einige Male und fordern Sie jedesmal etwas mehr Biegung. Stellen Sie sich die Bewegung ganz klar vor und erzwingen Sie die Biegung nicht. Achten Sie darauf, daß das Gesicht des Pferdes senkrecht zum Boden bleibt. So ist das Gewicht besser auf beide Vorderbeine verteilt, was das Gleichgewicht und die Fähigkeit des Pferdes, sich in beide Richtungen zu biegen, verbessert.

Wenn Sie ein- oder zweimal pro Woche etwa fünf Minuten an Kopf und Hals arbeiten, werden Sie eine Verbesserung unter dem Sattel sehen.

Abb. 8

Die folgenden Abbildungen 9–12 illustrieren die TTEAM-Schweifarbeit, die Sie in das Putzen mit einbeziehen können, was etwa vier Minuten erfordert.

174 Fördern Sie die guten Eigenschaften

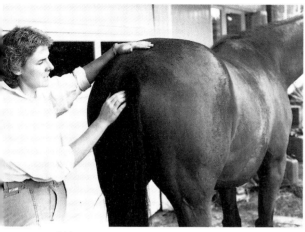

Abb. 9

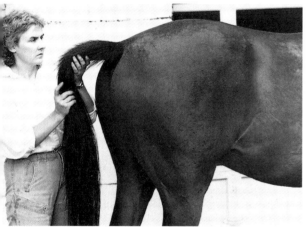

Abb. 10

Abb. 11

Das Schweifziehen hilft Pferden, die Angst vor Dingen hinter sich haben, und Stuten, ehe sie gedeckt werden oder ehe der Tierarzt einen Abstrich macht. Dadurch, daß es ihnen ein neues Bewußtsein ihrer Hinterhand gibt, hilft es den Pferden, ihre Hinterhand unter dem Reiter besser einzusetzen.

9. Benutzen Sie den Waschbären-TTouch an der Schweifrübe entlang und unter und neben dem Sitzbeinhöcker, bevor Sie den Schweif heben. Falls Ihr Pferd seinen Schweif verspannt gegen den Körper preßt, erleichtert dies die Schweifarbeit.

10. Wölben Sie den Schweif in einem Bogen nach oben, indem Sie mit der linken Hand die Schweifrübe hoch und mit der rechten den Schweif in Richtung Pferd drücken. Halten Sie den Schweif in dieser Form und lassen Sie ihn in beide Richtungen kreisen. Die Wölbung des Schweifes nach oben ist bei dieser Rotation der Schweifwurzel sehr wichtig. Diese Übung unterbricht bei einem Pferd, das schlägt oder den Schweif festklemmt, wenn es nervös ist, das gewohnheitsmäßige Muster, mit dem es den Rücken und die Hinterhand festhält. Sie ist auch eine der wenigen Übungen, die nervöses Schweifverdrehen oder -schlagen beenden können. Stellen Sie sich beim erstenmal sicherheitshalber seitlich neben das Pferd.

Vorsicht: Falls Ihr Pferd einen sehr losen Schweif hat, das heißt, wenn Sie wenig Widerstand spüren, sobald Sie zu ziehen beginnen, dann ziehen Sie nur sehr vorsichtig daran. Machen Sie die Kreise mit der Schweifrübe und ziehen Sie außerdem den gebogenen Schweif sanft nach hinten. Dann drücken Sie die Schweifrübe in Richtung der Wirbelsäule. Ich rate Ihnen auch dazu, noch mehr Kreise oben auf der Schweifrübe zu machen, um dem Pferd zu helfen, eine bessere Verbindung zu seinem Schweif zu bekommen.

11. Bewegen Sie Ihre Hände den Schweif hinunter und ziehen Sie, halten Sie dann für etwa sechs Sekunden und lassen Sie sehr langsam los. Ein schnelles Loslassen bewirkt das Gegenteil dieser Übung. Dieses Schweifziehen scheint die Wirbelsäule zu öffnen und bewirkt oft, daß das Pferd tief Luft holt.

Übungen für den Anfang 175

12. Eine andere Art der Schweifarbeit besteht darin, jeden Wirbel nach oben und nach unten wie eine Perlenkette zu bewegen. Dabei drückt die Ausbilderin von oben mit dem Daumen auf die Schweifrübe, während sie ihre Finger auf der Unterseite der Schweifrübe nach unten herauszieht. Fangen Sie oben am Schweif an und arbeiten Sie nach unten. Sie werden feststellen, daß einige Wirbel beweglicher sind als andere.

Die Abbildungen 13–19 zeigen TTEAM-Beinübungen zur Verbesserung des Gleichgewichts. Das verbesserte körperliche Gleichgewicht verändert dann das geistige und emotionale Gleichgewicht Ihres Pferdes.

13. Wenn Sie die Hufe Ihres Pferdes hochnehmen, um sie zu säubern, können Sie die TTEAM-Beinübungen mit einbeziehen. Dazu braucht man nicht mehr als 30 Sekunden Extrazeit pro Bein. Anstatt sich gegen die Schulter des Pferdes zu lehnen, wenn Sie den Fuß aufheben, fahren Sie mit der Hand an seinem Bein hinunter und benutzen Sie eine anhebende und loslassende Bewegung mit Ihren Fingernägeln gerade über dem Fesselgelenk. Dieses Signal lehrt das Pferd, sein Gewicht auf die anderen Beine zu verlagern, so daß es das Bein anheben kann.

14. Hier unterstützt die Ausbilderin das Fesselgelenk mit der linken Hand und hält den linken Unterarm seitlich an der Beugesehne, um ein Verdrehen des Karpalgelenks zu verhindern. Mit dem rechten Daumen hält sie den Huf an den Trachten, während die übrigen Finger den Huf umschließen. Ihr rechter Ellenbogen ist auf dem rechten Knie abgestützt. So übernehmen die Beine und nicht der Rücken die meiste Arbeit.
Bewegen Sie den horizontal zum Boden gehaltenen Huf im Kreis um den Punkt, auf dem das Bein normalerweise stehen würde. Die weiche, runde Bewegung des Kreises ist wichtiger als seine Größe.

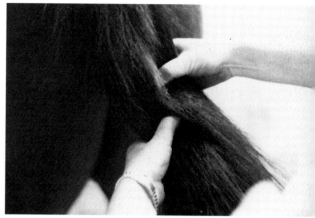

Abb. 12

Abb. 13

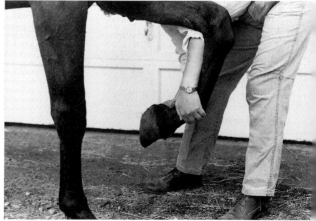

Abb. 14

176 Fördern Sie die guten Eigenschaften

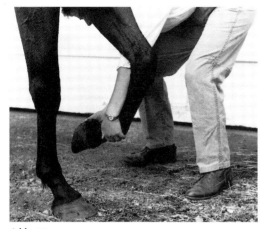

Abb. 15

Abb. 16

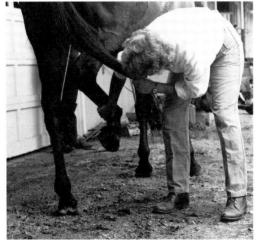

Abb. 17

15. Hier kommt der Huf auf Fesselhöhe etwas hinter das andere Vorderbein. Auf jeder Höhe (Karpalgelenk, Mitte des Röhrbeins, Fesselgelenk und Fessel) machen Sie je zwei Kreise in beide Richtungen.

16. Anstatt den Huf einfach abzustellen, bewegen Sie ihn in Kreisen so nah am Boden wie möglich. Stellen Sie die Hufspitze auf den Boden und tupfen Sie damit im Kreis auf den Boden. Wenn Sie die Spitze des Hufs so aufsetzen, kann die Schulter auf eine nicht gewohnheitsmäßige Art und Weise loslassen.

Bei einem sehr verspannten Pferd müssen Sie erst ein paarmal den Boden durch ein paar Decken aufpolstern, bis es sich genügend entspannt hat, um die Spitze des Hufs auf dem Boden abzustellen. Es wirkt entspannend auf Bein und Schulter, wenn Sie in dieser Position über die Sehnen streichen.

17. Stellen Sie sich neben das Hinterbein, anstatt sich mit der Hüfte dagegenzulehnen. Dadurch lernt das Pferd, selbst sein Gleichgewicht zu halten, anstatt sich auf den Menschen zu stützen. Fahren Sie mit der Hand die Hinterseite seines Beins hinunter und wenden Sie das gleiche Drücken-und-Loslassen-Signal an wie beim Vorderbein. Wenn Sie das Pferd nicht kennen oder falls es Schwierigkeiten macht, halten Sie zu Anfang den Schweif fest.

Falls das Pferd eine verspannte Hinterhand hat oder ihm das Aufheben Angst macht, unterstützen Sie das Bein in der Richtung, die das Pferd wählt. Wenn Sie sofort versuchen, das Bein nach hinten herauszuziehen, wird das Pferd nur noch steifer und verspannter.

Versuchen Sie in einer solchen Situation, die Hinterhand mit dem TTouch zu behandeln, bevor Sie den Fuß aufheben. Ein paar Minuten Waschbären-TTouch bei Druckstärke vier bis fünf auf der Hinterhand und dem Oberschenkel helfen, die Hinterhand zu entspannen. Eine Übung, die wir das „Wabbeln der Qualle" nennen, hilft ebenfalls: Legen Sie Ihre Hand flach auf die Kruppe und den Oberschenkel des Pferdes und „wabbeln" Sie die Muskeln sanft hin und her.

18. Weil die meisten Pferde erwarten, daß man ihr Bein hochnimmt, nachdem man es aufgehoben hat, ist es nicht gewohnheitsmäßig, wenn man den Huf auf der Spitze abstellt, und hilft dem Pferd, in bequemer Haltung konzentriert zu bleiben. Bei manchen Pferden muß man vielleicht das Sprunggelenk leicht halten, um sie zu dieser Haltung zu überreden. Streichen Sie die Hinterröhre mit der anderen Hand, wie auf dem Foto.

Manche Leute bringen ihrem Pferd bei, den Huf zur Entspannung so zu halten, während sie ihn säubern.

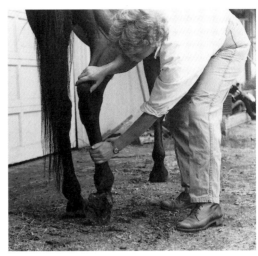

Abb. 18

19. Nehmen Sie das Bein hoch wie auf dem Foto und machen Sie horizontale Kreise auf jeder Höhe, die dem Pferd leichtfällt. Nehmen Sie den Huf nach vorn, nach außen, nach hinten und nach innen. Kreisen Sie das Bein drei- oder viermal in jede Richtung und stellen Sie es dann auf der Hufspitze ab. Stützen Sie Ihren Ellenbogen auf dem äußeren Bein ab und benutzen Sie Ihren ganzen Körper, nicht nur die Arme. Das verhindert eine Überbeanspruchung Ihres Rückens. Vergessen Sie das Atmen nicht.

Sie können Ihrem Pferd und Ihrem Schmied das Leben leichter machen, wenn Sie die TTEAM-Beinübungen in das normale Hufesäubern mit einbeziehen. Außerdem wird der Bewegungsradius der Schultern und der Hinterhand größer, die Tritte verlängern sich, und der Gleichgewichtssinn wird besser.

Falls diese Übungen Ihrem Pferd schwerfallen, machen Sie die Kreise sehr klein und schnell in beide Richtungen und stellen Sie den Fuß dann ab. Sie werden feststellen, daß nach ein paar Behandlungen ohne jeden Zwang das Bein viel freier wird. Diese Übung ist keine Dehnungsübung. Ziel ist es, dem Pferd die Erfahrung zu vermitteln, daß es seine Beine auf eine neue, nicht gewohnheitsmäßige und nicht bedrohliche Art und Weise bewegen kann.

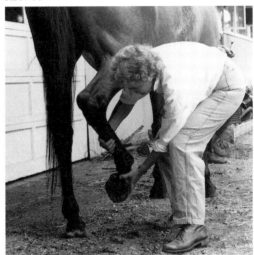

Abb. 19

Sie können all diese Übungen (Kopf und Hals, Schweif und Beine) in einem Zeitraum von 10 bis 15 Minuten ausführen, oder Sie können nur ein paar der Übungen auf einmal machen. Weil sie so einfach sind, können sich viele Leute nicht vorstellen, daß sie tatsächlich etwas bewirken. Sie werden aber überrascht sein, wieviel Veränderung Sie in kurzer Zeit schon sehen können. Ein paar Minuten Waschbären-TTouch am Kopf eines Pferdes, das zum Beispiel unruhig oder nervös ist, wenn es ans Hufeauskratzen geht, werden es beruhigen und ihm helfen, sich zu konzentrieren. Das ist beim Schmied, beim Tierarzt, auf einem Turnier oder beim Verladen besonders nützlich.

TTEAM-Bodenübungen

Im Jahr 1975 wurde mir in Deutschland zum erstenmal klar, wie wertvoll die Bodenübungen sind, wenn es darum geht, die sogenannte Persönlichkeit und das Verhalten eines Pferdes zu verändern. Ich hatte in diesem Jahr Trail-Horse-Prüfungen auf der Equitana vorgestellt. Weil die Idee so gut ankam, entschloß ich mich, ein Seminar anzubieten, in dem man lernen konnte, sein Pferd für den Trail auszubilden.

Eines der Pferde im Seminar war ein ungewöhnlich schwieriger Isländer, ein regelrechter Durchgänger. Die Situation war gefährlich, und deshalb schlug ich Maria, seiner Besitzerin, vor, abzusteigen und die gleichen TTEAM-Übungen, die die anderen vom Sattel aus machten, vom Boden aus mitzumachen. Eine ganze Woche lang führte sie ihr Pferd über Stangen und durch ein Labyrinth (aus mindestens sechs Stangen), das so angelegt ist, daß es das Vertrauen, das Gleichgewicht und die willige Mitarbeit des Pferdes fördert.

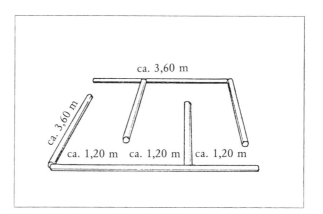

Sie wendete auch verschiedene andere Übungen an, die den gleichen Sinn hatten. Während der gesamten Ausbildungswoche machte sie diese Übungen vom Boden aus und ritt ihr Pferd nur ein paarmal.

Als Maria wieder nach Hause kam, stellte sie fest, daß ihr Pferd sich einen Husten zugezogen hatte, der in diesem Jahr grassierte. Sie konnte es also nicht reiten. Statt dessen machte sie mit der Bodenarbeit weiter und führte das Pferd einen Monat lang mehrere Male pro Woche durch Hindernisse auf dem Boden.

Als sie nach Ablauf dieser Zeit endlich wieder in den Sattel stieg, konnte Maria kaum glauben, daß sie auf demselben Pferd saß. Sie schrieb mir ihre Erfahrungen: das Verhalten ihres Pferdes habe sich derartig verändert, als ob man es ausgetauscht hätte. Der Isländer machte nicht nur keinerlei Anstalten mehr durchzugehen, sondern konnte nun auch unter dem Reiter rückwärtstreten, was er vorher noch nie gekonnt hatte.

Das Pferd hatte vorher aufgrund seiner Verspannungen und seiner Nervosität einen schlechten Trab gehabt. In dem Monat, in dem er sich von seinem Husten erholte, trabte Maria ihn viel an der Hand. Als sie mir schrieb, hatte er einen guten Trab unter dem Reiter entwickelt.

Zu Marias Erstaunen nahm sie auch die Persönlichkeit ihres Pferdes völlig anders wahr. Aus einem ängstlichen, verspannten und extrem widersetzlichen Charakter war nicht nur ein Pferd geworden, das willig mitarbeitete, sondern das auch interessiert und neugierig war.

Marias Erfahrung half mir zu verstehen, wie enorm wichtig die Bodenarbeit für Reiter sein konnte, die Schwierigkeiten mit ihren Pferden hatten.

Seitdem habe ich im Verlauf der Jahre viele verschiedene Hindernisse und Übungen entwickelt. Inspiriert von der Feldenkrais-Methode, begann ich mit verschiedenen Bodenübungen zu experimentieren. Sie sind speziell so gestaltet, daß sie das Pferd zu nicht gewohnheitsmäßigen Bewegungen führen – zu Bewegungen, die seine Lernfähigkeit erhöhen.

In Hunderten von Seminaren haben wir die Erfahrung gemacht, daß wir ein Pferd mit einer angeblich „unmöglichen" Persönlichkeit nehmen und es grundlegend verändern können. Wir entdeckten auch, daß diese Übungen nicht nur für Problemsituationen nützlich sind. Sie nützen auch denjenigen, die mit einem „perfekten" Pferd gesegnet sind. Es macht Pferd und Reiter Spaß, etwas Neues und Stimulierendes zu tun.

TTEAM hat sich auch bei sehr depressiven Pferden bewährt, die zwar alles tun, was der Reiter von ihnen verlangt, aber eine sehr introvertierte, desinteressierte und deprimierte Einstellung haben. Wir haben festgestellt, daß diese gedrückte Einstellung, die man oft bei Schulpferden findet, von zuviel Arbeit herrührt. Wenn wir solche Pferde nehmen und sie durch Bodenübungen wie das Labyrinth führen, ist es, als ob sie plötzlich „Zirkusluft" schnupperten. Es ist wundervoll zu sehen, wie solche Pferde eine ganz neue Beziehung zu ihren Reitern entwickeln. Eine meiner erstaunlichsten Entdeckungen war das Interesse, das die Pferde daran entwickelten, das Labyrinth selbst zu meistern. Ein Fall, an den ich mich besonders erinnere, hatte mit einem befreundeten Tierarzt, Dr. Mort Cohen, zu tun. Nachdem er an einem meiner Seminare teilgenommen hatte, ging Mort nach Hause und arbeitete dort mit seinem temperamentvollen, sehr nervösen zweijährigen Stutfohlen im Labyrinth.

Er führte die Stute mit Halbschritten, Anhalten und Antreten durch das Labyrinth (siehe Foto Seite 181 und Text Seite 184) und arbeitete mit ihr etwa zehn Minuten in beiden Richtungen. Danach ließ er sie frei und ging zum Mittagessen ins Haus. Als er aus dem Fenster sah, traute er seinen Augen kaum. Da war sein Stütchen und ging ganz allein durch das Labyrinth!

Fördern Sie die guten Eigenschaften

Seitdem haben wir viele Pferde beobachtet, die offensichtlich Spaß daran haben, auf eigene Faust mit dem Labyrinth zu arbeiten.

Ich glaube, daß ein Pferd jedesmal, wenn wir mit ihm umgehen, etwas von uns lernt – ob es nun etwas Positives ist oder nicht. Da die meisten von uns nur eine begrenzte Zeit mit unseren Tieren verbringen, erscheint es sinnvoll, sie jedesmal eine positive Lernerfahrung machen zu lassen. Die meisten Leute verbringen einen Teil ihrer Zeit mit dem Pferd damit, es vom Stall auf die Weide zu führen oder von der Weide hereinzuholen. Wir müssen es also sowieso führen – warum sollten wir dann nicht die Gelegenheit nutzen, ihm beizubringen, gehorsam, geduldig, im Gleichgewicht, koordiniert und konzentriert zu sein und Selbstdisziplin zu üben. Das würde uns bestimmt zu angenehmeren Beziehungen zu unseren Pferden verhelfen.

Um dieses Ziel zu erreichen, können Sie zwei TTEAM-„Werkzeuge" gebrauchen: Eine 75 cm lange Kette, die an einem 180 cm langen Führstrick aus Nylon befestigt ist, und eine 120 cm lange, feste Gerte, die wir manchmal Stab nennen. Manche Leute stören sich daran, daß wir die Gerte als Stab bezeichnen, aber wir tun das aus zwei Gründen. Erstens benutzen wir sie nicht zum Bestrafen, sondern als verlängerten Arm und als eine andere Art, Signale zu geben. Zweitens scheint das Abstreichen eines Tieres mit dem Stab geradezu magische Auswirkungen zu haben (Zauberstab!), denn das Tier beruhigt und konzentriert sich beinahe augenblicklich.

Die Hindernisse sind ein anderer integraler Aspekt der TTEAM-Bodenübungen. Sie lehren sowohl das Pferd als auch den Führenden, seinen Körper auf eine Art und Weise zu gebrauchen, die Gleichgewicht, Selbstkontrolle, Präzision, Feinmotorik und Augen-/Huf-Koordination fördert. Sie helfen auch die Bewegung zu differenzieren und dem Pferd ein Gefühl von ganzheitlicher Verbundenheit im ganzen Körper zu geben.

Lange, zeitaufwendige Übungen sind nicht nötig. Sie können damit beginnen, ein oder zwei Hindernisse aufzubauen und Ihr Pferd auf dem Weg zur Weide oder vor dem Reiten ein- oder zweimal hindurchzuführen. Rosemary Jelbart, die bei Melbourne in Australien lebt, hat sich ein Labyrinth und einen Stern aufgebaut und benutzt beides auf dem Hin- und Rückweg zum Auslauf. Sie benutzte keine der anderen Bodenübungen und bemerkte trotzdem eine große Veränderung bei zwei unkonzentrierten, etwas schwierigen Pferden.

Die folgenden Fotos 1–10 zeigen die TTEAM-Führpositionen und die Verwendung der Bodenhindernisse. Wir haben auch diesen Übungen Tiernamen gegeben, einmal weil sie sich besser einprägen, zum andernmal wegen des humoristischen Aspekts, den sie in die Ausbildung einbringen.

1. Präzision ist das Schlüsselwort, um das Labyrinth am effektivsten zu gebrauchen. Das ideale Labyrinth besteht aus etwa dreieinhalb Meter langen Stangen, die etwa 120 cm auseinander gelegt werden, je nach Größe und Gleichgewicht des Pferdes.

Beginnen Sie mit der Position des „Eleganten Elefanten". Wie auf dem Foto führen Sie von links. Mit der linken Hand halten Sie den Stab und das Ende des Führstricks, mit der rechten das Dreieck am Ende der Führkette. Der Stab wird am Balancepunkt, etwa 50 cm vom Knopf entfernt, mit dem Knopfende zum Pferd gehalten.

Gehen Sie mit Ihrem Pferd durch das Labyrinth und lassen Sie es vor und nach jeder Ecke anhalten und wieder antreten. Achten Sie darauf, daß Ihr Pferd genug Platz hat, um die Ecken zu kommen. Sie selbst können über die Stangen hinaustreten, um Ihrem Pferd mehr Platz zu lassen.

Um das Pferd antreten zu lassen, bringen Sie die Kette in einem „Kontakt, Loslassen, Kontakt"-Rhythmus nach vorn. Benutzen Sie den Stab, um die Richtung, in die Sie gehen wollen, anzuzeigen. Mit einer Bewegung, als ob Sie eine Tür öffneten, bringen Sie den Stab von der Nasenspitze etwa 90 cm von der Nase weg.

Um sich auf den Übergang zum Halten vorzubereiten, stehen Sie mit der Schulter auf der Nasenhöhe des Pferdes. Führen Sie

Abb. 1

den Stab mit einer weichen Bewegung etwa 90 cm vor der Nase des Pferdes auf und ab. Dann klopfen Sie dem Pferd dreimal leicht gegen die Brust und geben ihm gleichzeitig mit der Kette das Signal zum Anhalten. Das hilft dem Pferd, seine Hinterhand beim Anhalten geradezuhalten. Dann streichen Sie die Halsunterseite und die Brust mit dem Stab ab. Verstärken Sie das Anhalten mit „Whoa" oder „Hooh!", während Sie das Signal mit Stab und Kette geben.

182 Fördern Sie die guten Eigenschaften

Abb. 2

Abb. 3

2. Das Labyrinth wird wie Bodenstangen benutzt. Um weit genug vor dem Pferd zu sein, während es über die Stangen geht oder trabt, wechselt die Führposition vom „Eleganten Elefanten" zur „Anmut des Geparden". Der Stab wird so gedreht, daß nun das Knopfende und das Ende des Führseils zusammen in der linken (äußeren) Hand gehalten werden. Die rechte (innere) Hand hält die Kette etwa 60 cm weiter hinten. Beim „Geparden" sollten Sie idealerweise nur den Stab und die Stimme benutzen, um dem Pferd das Signal zum Anhalten zu geben. Zeichnen Sie mit dem Stab aus dem Handgelenk heraus vor dem Pferd eine Linie hinauf und hinunter in die Luft. Dann tippen Sie das Pferd an die Brust, um ihm das Zeichen zum Anhalten zu geben. „Die Anmut des Geparden" lehrt das Pferd Selbstkontrolle. Das Pferd lernt, den Fluchtreflex zu überwinden und auf eine leichte Berührung des Stabs an der Brust hin anzuhalten. Das ist bei Pferden, die zu einem hindrängen, sehr nützlich. Wenn das Pferd zu nahe kommt, gibt ihm der Führende einen kleinen Klaps mit dem Ende des Stabs seitlich aufs Halfter oder auf den Hals, etwa 15 cm unterhalb des Ohrs. Die Betonung liegt hier auf dem „kleinen" Klaps. Machen Sie den Klaps nicht fester, sondern statt dessen lieber öfter. Das wirkt bei einem Pferd, das nicht gleich reagiert, besser.

3. Falls Ihr Pferd auf der Vorhand ist, keine Verbindung von der Vor- zur Hinterhand hat oder zu langsam reagiert, ist die „Dingo"-Übung hilfreich. Dabei lehrt der Ausbilder das Pferd, auf ein klares Signal mit der Kette hin, das durch ein Signal auf der Kruppe verstärkt wird, nach vorn zu kommen. Die linke Hand, die etwa zehn Zentimeter vom Halfter weg an der Kette liegt, stabilisiert das Pferd, so daß es nicht vorwärtsgeht, während man ihm über den Rücken streicht. Sie streichen mit ruhigen, festen Bewegungen zwei- bis dreimal mit dem Stab über den Rücken, signalisieren eine „Vorwärts und Loslassen"-Bewegung mit der Kette und dann mit einem zweimaligen leichten Klopfen auf die Kruppe das Vorwärtsgehen. Der Einsatz des Stabs beim „Dingo" gibt dem Pferd ein Gefühl von Verbindung zwischen der Vor- und der Hinterhand. Das Signal mit der Kette wird zum „Zügel", indem Sie vom Pferd verlangen, seinen Kopf etwas zu heben und sich zu verkürzen oder seinen Kopf zu senken und sich lang zu machen, wobei es immer im Gleichgewicht bleiben soll.

4. Hier wird gezeigt, wie die Ausbilderin um eine Kurve im Labyrinth geht und dabei die Führposition „Dem Kamel einen Tip geben" benutzt, um das Pferd anzuhalten. Ihre rechte Hand bringt den Stab nach vorn, um das Pferd an der Brust anzutippen, während ihre linke Hand das Signal zum Halten mit der Kette gibt. Um das Pferd ins Gleichgewicht zu bringen, läßt sie es beim Anhalten den Kopf ein

wenig in die Höhe nehmen. „Dem Kamel einen Tip geben" ist eine wirksame Technik, um den Schwerpunkt des Pferdes nach hinten zu verlagern und es ins Gleichgewicht zu bringen.

5. Dieses Hindernis nennen wir den Stern. Hier lernt das Pferd, sich zu biegen und den Rücken mehr zu benutzen. Sie können auch ein Ende der Stangen mit einem Ballen Stroh, Heu oder Späne, einer Tonne oder einem Autoreifen erhöhen.
Verändern Sie die Höhe, falls Ihr Pferd Schwierigkeiten haben sollte. Beginnen Sie mit den Stangen auf dem Boden und legen Sie dann jeweils eine höher. Vielleicht müssen Sie auch den Abstand zwischen den einzelnen Stangen verändern.
Beachten Sie, daß die Ausbilderin hier die Stange vor dem Pferd übersteigt. Eigentlich ist es sogar besser, zwei Stangen vor dem Pferd zu sein. Fangen Sie so an, daß Sie über die höhere Seite der Stangen steigen, um es Ihrem Pferd leichter zu machen. Wenn Ihr Pferd diese Übung gut bewältigt, drehen Sie sich um und gehen andersherum über die Stangen, so daß Sie auf der niedrigen Seite (oder Außenseite) der Stangen sind.

6. Die Ausbilderin hat die Kette umgeschnallt, so daß sie nun auf der rechten Seite ist, um das Pferd aufzufordern, sich nach rechts zu biegen. Das Führen von rechts gibt sowohl dem Pferd als auch dem Führenden die Möglichkeit, auf eine neue Art und Weise zu lernen, weil es nicht der Gewohnheit entspricht. Viele Pferde werden unsicher, wenn der Führende auf der rechten Seite geht, und auch die meisten Menschen finden es zuerst sehr unangenehm. Sie werden aber feststellen, daß sowohl Sie als auch Ihr Pferd eine sehr viel bessere Koordination und einen besseren Gleichgewichtssinn bekommen.
Pferde, die Sattelzwang haben oder noch nicht warm sind, können direkt nach dem Satteln Verspannungen, Steifheit oder sogar Lahmheit zeigen. Die Verwendung von Bodenhindernissen überbrückt

Abb. 4

Abb. 5

Abb. 6

die Kluft zwischen der Bodenarbeit und dem Reiten.

184 Fördern Sie die guten Eigenschaften

Abb. 7

Abb. 8

Beachten Sie, daß das Pferd auf dem Bild mit dem Sattel (Abb. 6) etwas unsicher wirkt. Es war nicht im Gleichgewicht und stieß mehrere Male an die Stangen an. Nachdem die Ausbilderin seine Beine hinuntergefahren war und auf seine Hufe geklopft hatte, ging es besser. Sobald sie seinen Kopf etwas höher nahm, stieß es nicht mehr an die Stangen an und zeigte mehr Selbstvertrauen.

7. Für die „Tanzende Kobra" stellt sich die Ausbilderin mit dem Gesicht zum Pferd vor dieses hin. Dabei kann man, wie beim „Elefanten", den Stab mit dem Knopfende nach oben oder, wie beim „Geparden", mit dem Knopfende in der Hand halten. Die Ausbilderin fordert das Pferd zum Vorwärtskommen auf, indem sie den Stab auf sich zu und quer über ihre Brust hin bewegt. Sie gibt mit einem weichen Beugen der Knöchel, das die Führleine anspannt und dann lockerläßt, das „Komm jetzt"-Signal.

Die meisten Menschen haben gelernt, ein Pferd niemals so zu führen, daß man es anschaut. Wir aber haben festgestellt, daß diese Position das Pferd lehrt, sich zu konzentrieren, sein Gleichgewicht wiederzufinden, auf unser Zeichen zu warten und nach vorn zu kommen, wenn es das Signal der Kette spürt. Das überträgt sich auf Situationen, in denen das Pferd angebunden ist. Anstatt nach hinten zu ziehen, wenn es den gespannten Anbindestrick spürt, wartet es oder gibt nach, um die Spannung zu beseitigen.

In der Position der „Tanzenden Kobra" gehen der Führende und das Pferd jeweils nur einen oder zwei Schritte und halten dann an. Diese Schrittfolge wird durch das ganze Labyrinth wiederholt. Dann wiederholen Sie diese Abfolge im Halbschritt, wobei die Tritte zögernder sind und nur halb so lang wie normal. Es hat sich bestens bewährt, diese Übungen ein paar Minuten vor dem Reiten zu machen, um das Pferd zu konzentrieren. Das kann das Abreiten um 15–20 Minuten verkürzen.

8. Zum Anhalten bringen Sie den Stab auf Nasenhöhe und tupfen (wie ein Maler) mit dem Ende auf eine beliebige Seite des Mauls. Beachten Sie, daß das Pferd den Kopf höher genommen hat, um sich wieder auszubalancieren und anzuhalten. Die Ausbilderin befindet sich etwa einen Meter vor ihrem Pferd. Sie hält diesen Abstand, indem sie rückwärtsgeht, bis es anhält. Wir halten oft vor unserem Pferd an, sobald wir „Whoa" denken oder sagen, und wundern uns dann, wieso wir den Abstand zu ihm nicht halten können.

9. Diesmal arbeitet die Ausbilderin das Pferd gesattelt im Labyrinth. Viele Pferde verändern ihr Gleichgewicht und ihre Fähigkeit, sich um die Kurven zu biegen, wenn sie gesattelt sind. Es ist nützlich, während der Bodenübungen ein TTEAM-

Trainingsgebiß (Rollergebiß) zu benutzen. Schnallen Sie das Halfter über das Kopfstück und benutzen Sie die Kette wie gewohnt. Das hilft dem Pferd, sich an das Gebiß zu gewöhnen, bevor es damit geritten wird. Während der Bodenübungen werden Sie aber feststellen, daß das Pferd sich aufgrund des Gebisses anders trägt, anders im Gleichgewicht ist und seinen Rücken und die Hinterhand anders benutzt.

10. Dieses Foto zeigt eine der Angewohnheiten, die mit am schwierigsten wieder abzulegen sind. Die Ausbilderin forderte das Pferd mit „Hoh!" zum Halten auf, stoppte aber selbst, ehe das Pferd die Möglichkeit hatte, das Signal umzusetzen. Das bewirkte, daß sie seinen Kopf zu sich herumzog und das Pferd aus dem Gleichgewicht brachte.

Abb. 9

Die meisten von uns haben gelernt, auf der Höhe der Schulter oder in der Mitte zwischen Schulter und Nase zu führen und den Kopf nach links zu ziehen, um das Pferd langsamer zu machen, weil es einen so nicht treten kann. Man kann den Ellenbogen gegen seine Schulter oder den Hals stemmen und sich dadurch schützen. Diese Art zu führen bringt das Pferd aber aus dem Gleichgewicht, verursacht oft ein Zusammenziehen der linken Seite oder die Einseitigkeit, die so vielen Pferden eigen ist.

Abb. 10

Wir benutzen den Stab, damit das Pferd sich konzentriert und lernt zurückzubleiben. Man kann ihn auch dazu gebrauchen, eine unsichtbare Wand zwischen sich und dem Pferd aufzubauen und seinen persönlichen Bereich abzugrenzen. Meistens lernt das Pferd in ein paar kurzen Lektionen, in seinem eigenen Bereich zu bleiben, und entwickelt ein neues Gefühl von Selbstvertrauen und Selbstdisziplin.

Eine Frage, die mir oft gestellt wird, lautet: „Muß ich nun den Stab und die Kette immer benutzen?" Sie werden feststellen, daß die meisten Pferde nach einer bis zu sechs Lektionen auf die Bewegung des Arms anstelle des Stabs reagieren, wenn man sie auffordert, langsamer oder schneller zu gehen. Wenn Sie aber gerade erst mit der TTEAM-Arbeit begonnen haben, werden Sie weniger lang brauchen, wenn Sie den Stab und die Kette bei Ihren alltäglichen Führsituationen benutzen.

Die meisten Leute bemerken, daß sich durch diese Übungen das Gleichgewicht ihres Pferdes und ihr eigenes Gleichgewicht verbessert. Reiter stellen fest, daß sie auch während des Reitens präziser und konzentrierter arbeiten. Und das ist schließlich das eigentliche Ziel von TTEAM – eine Partnerschaft mit unseren Pferden zu schaffen, die sowohl den Pferden als auch den Reitern zugute kommt, unser Können verbessert und unser Verständnis füreinander und die Beziehung zueinander vertieft.

Epilog

Die Tage meiner Kindheit, als ich eine Pferdeherde auf den Weiden Kanadas beobachtete und mich fragte, welche Unterschiede es zwischen den Pferden wohl gäbe, gehören schon lange der Vergangenheit an. Im Rückblick auf die letzten vier Jahrzehnte bin ich dankbar für die Inspiration, die ich in der ersten kleinen Broschüre über Pferdepersönlichkeit von Professor Beery fand, und bin zutiefst dankbar für die Hilfe, die ich über die Jahre bekommen habe, um mein Wissen zu erweitern.

Das ungeheure Interesse, das mein Angebot, Pferde anhand von Fotos zu beurteilen, bei meinen Seminaren und Demonstrationen erregt, erstaunt mich noch immer. Wie sehr haben doch diese wundervollen vierbeinigen Freunde von unserer Vorstellung und unseren Herzen Besitz ergriffen und wie unerschöpflich ist unser Wunsch, mehr über sie zu wissen und zu lernen!

In dem Prozeß, alle Aspekte der Persönlichkeit in diesem Buch zu verweben, sind mir auch meine eigenen Anschauungen zu diesem Thema viel klarer geworden. Ich wünsche mir von Herzen, daß dieses Buch Sie dazu befähigt, Pferde mit neuen Augen zu „sehen", sie zu verstehen und mit ihnen auf eine Art und Weise zu arbeiten, die nicht nur Ihren Umgang mit Pferden, sondern Ihr gesamtes Leben bereichert.

Die Autorinnen:
Linda Tellington-Jones wurde in Kanada geboren und wuchs unter Pferden und Pferdeleuten auf. Von Anfang an ging es ihr darum, eine Zusammenarbeit mit dem Pferd, Harmonie und Vertrauen zu entwickeln. Mit diesem Konzept errang sie große sportliche Erfolge in allen Disziplinen der Reiterei einschließlich einiger der berühmtesten 100-Meilen-Ritte der USA. In jahrzehntelangen Studien und inspiriert durch ihre Arbeit mit Dr. Moshe Feldenkrais („Bewußtsein durch Bewegung") entwickelte sie ein eigenes Trainingssystem der Körperarbeit für Pferde und Reiter, das unter dem Namen TT.E.A.M. (Tellington-Jones Equine Awareness Method) weltbekannt wurde.

Unzählig sind die Geschichten ihrer Therapieerfolge mit Sport- und Freizeitpferden aller Rassen und Länder. Ihre Bücher erscheinen in vielen Sprachen, und sie wird von medizinischen Hochschulen ebenso zu Vorträgen eingeladen wie von reiterlichen Fachgremien oder zoologischen Gärten in der ganzen Welt.

Ko-Autorin **Sybil Taylor** hat mehrere Sachbücher geschrieben und lebt in New York. Ins Deutsche übertragen wurde das Werk von **Andrea Pabel**. Die Autorin mehrerer Jugendbücher lebt in New Mexico und kennt dank ihrer Ausbildung als *Feldenkrais Practitioner* die dargestellten Therapiemethoden auch aus eigener Erfahrung.

Bezugsquellen

Es gibt zwei TTEAM-Büros, eines in Neu-Mexiko und eines in Kanada. Das erstere liegt fünf Minuten von meinem Haus entfernt und ist Zentrale für die TTEAM-Organisation, wozu auch „Animal Ambassador" gehört. Pamela Joyce und ich „regieren" hier, erledigen Aufträge, Telefonate, erarbeiten Zeitpläne für Lehrgänge, beantworten Briefe, brüten Neues aus und kümmern uns um das Geschäft. Wir sind in einem Adobehaus untergebracht und haben einen weiten Blick über helles, blaugraues Land zu den fernen rosafarbenen Bergen. Das TTEAM-Gebäude ist schon von weitem gut erkennbar durch die Flaggen vieler Nationen, die über dem Giebel flattern. Hat man es betreten, wird man von einer Horde verspielter Affen begrüßt – unser Büro ist auch gleichzeitig Rehabilitationszentrum für Menschenaffen, die aus Versuchslaboratorien stammen.

Das Büro in Kanada wird von meiner Schwester Robyn Hood, ihrem Mann Phil Pretty und Assistentin Christine Schwartz geleitet. Es ist das „Herzstück", denn dort entsteht der TTEAM-Newsletter. Robyn und ihre Crew beantworten ebenfalls Fragen, nehmen Aufträge entgegen und kümmern sich um den Verkauf. Ihr Büro liegt in einem wunderschönen Haus im Schweizer Stil mit Blick über die Weiden, auf denen neunzig Islandpferde grasen. Robyn hält und verkauft diese wunderbaren, kräftigen Pferde – einmal aus Freude an ihnen, zum anderen als weitere Aufgabe.

Bitte schreiben Sie uns. Wir möchten gern hören, was der TTouch bei Ihren Tieren bewirkt hat. Wenn Sie zusätzliche Informationen haben wollen, einschließlich einer Ausgabe des TTEAM- und/oder des „Animal Ambassador"-Newsletter, weiterführende Lehrgänge, eine Liste der Ausbilder aus Ihrer Region oder eine Liste von Videos, Büchern und Ausrüstungsgegenständen, schreiben Sie an:

TTEAM Training USA:
Linda Tellington-Jones
P.O. Box 3793
Santa Fé, New Mexico 87501-0793
Tel.: (505) 455-2945
Fax: (505) 455-7233

Beate Meyer
Sulzbergstr. 3 A
D-83064 Raubling
Tel.: (0 81 78) 76 31

Für TTEAM News International:
TTEAM Training Canada
R.R. 1, Site 20
Comp 9
Vernon, British Columbia
Canada V1T 6L4
Telefon und Fax: (604) 545-2336

Register

A's, die vier 21, 23
Abby 72
Abgerissener Hemdkragen 54
Abhauen 21
Abstreichen 171, 180
Abtauchen 21, 22
Achal-Tekkiner 118
aggressives Verhalten 124
Akupunktur 136
Amigo 53, 74
Angreifen 21
Angst 21, 138
Angststarre 21, 22
Anmut des Geparden 182
Anregung 133
Appaloosa-Auge 68
Appaloosa-Stute 72
Appaloosa-Wallach 76
Appaloosas 26, 42
Araber 46, 77, 88, 114, 121, 139, 147, 155
Aufziehtrense 129
Augen-Koordination 180

Bask 77
Bären-TTouch 168, 169
bärentatzig 104
Beduinen 26, 54
Beery, James 12
biegen 173
Bijou 73
Bint Galida 100, 131
Bista-Sportzentrum 124
Blake, Elizabeth 146
Blaze 75
Bodenarbeit 136
bodeneng 103
bodenweit 102, 114
Boxen 134
Bravo 126
Bretthals 109, 111, 112, 115
Briarcrest 12

Cannonball 78
Caywood, Will 11
chinesische Kräuter 136
Chocolate 116
Churchill, Doris 145
Cielo 53
Copper Love 125
Cymon 77

Dehnungshaltung 126
depressiv 179
Dingo 182
Distanzreiten 26
Diva 146
Doppelkinn 38, 39, 87
Doreena 99, 111
Druckstärke 160
Duchess 153
Durchgänger 130
Dusty 56, 79

Elchnase 27, 28, 33, 58, 60, 77, 80, 81, 86, 145, 147
Eleganter Elefant 181
emotionale Bedürfnisse 133
Entspannung 172

F's, die vier 21
Farbschwingungen 134
faßbeinig 107
Fax 80
Feldenkrais, Moshe 13
Feldenkrais-Methode 14
Fellwirbel 12
Fingernägel 164, 167
Fjodor 118
fliegender Galoppwechsel 125
Flood, Minty 153
Fluchtreflex 182
Frediani, Jodi 81
Fuß aufheben 175
führen 185
Führen von rechts 183
Führkette 171
Führpositionen 181

Galoppwechsel, fliegender 125
Gebäude, schlecht geschlossenes 108, 111
Gebiß 139
geborene Verbrecher 126
Geronimo 76
Gerste 131
Gewicht 154
Gharagozlon, Mary 26, 54

Greaves-Metheral, Alice 12
Gruben über den Augen 42

Haarbüschel 44
Hackamore 32
Haflinger 26
Halbschritt 184
Halsmuskulatur 128
Halsring 20, 140
Halsschaukeln 170
Handballen 172
Hechtkopf 22, 26, 27, 58, 60, 77, 81, 86, 90, 145
Heimweh 19
Hemdkragen, abgerissener 54
Hemet-Vollblutfarm 12
Hero 148
hinter der Senkrechten 113, 125
Hinterbein 176
Hinterhand 174
Hirschhals 110, 111, 112, 115, 116, 167
hoher Widerrist 110
Homöopathie 136
Hood, Robyn 170
Hormonstörung 168
Höcker 31
Huf-Koordination 180
Hufeauskratzen 177
Hufspitze 176

Ibn Sharaf 120
Intelligenz 18
Islandpferde 26, 46

Jester 81

Kamel, dem ~ einen Tip geben 182
Kanzina, Nina Dr. 124
Karla, Lothar 146
Kesil 102, 114
Kildare 128
Kniegelenke 126
Kontakte, soziale 134
Kopf senken 170, 171, 173
kopfscheu 172
Koppelgang 134
Körperarbeit 136

Register

Kovshov, Yuri 125
Kräuter, chinesische 136
Kroon, Karen 88
kuhhessig 107
Kursinski, Ann 78
kurzsichtig 138

Labyrinth 178, 181
Lady Wentworth 26
Leia 53, 82
Liegender-Leoparden-TTouch 168
limbisches System 22, 93
Lindel 125, 130, 140
Lipizzaner 26
loser Schweif 174
Lymphdrüsen 139

Maltz, Heinz 120
Maßband 100
matter Rücken 108
Mähnenkamm 127, 135, 171
Merik 147
Morgan 81, 82, 86
Moskau 124
Muskelschmerzen 124
Muskelverspannungen 159
Mustang 92

niedere Trachten 104
Nightshade 82
Nüstern 172

Ohlone 53, 84

Pacific Coast Equestrian Research Farm 13
Paso Fino 26, 148
Piroschka 19
Poloponys 26
Pony 84, 116
positive Vorstellungskraft 121
Pretty, Phil 170
Putzen 170

Quarter Horse 26, 46, 73, 74, 80, 89, 121, 130, 147, 151

Ramskopf 28
Ramsnase 22, 26, 28, 93
Red Fox 130
Rollergebiß 185
rückbiegig 105
Rücken, matter 108
Rücken wegdrücken 170
rückständig 105, 106, 119

Saddlebreds 26, 46
Sahara Rose 139
Sattel 46, 139, 140
Sattelzwang 127, 183
Savannah Wind 53, 85
säbelbeinig 106
Schlappohren 44, 90
schlecht geschlossenes Gebäude 108, 111
schlechter Trab 179
schmalbrüstig 103, 114
Schmied 177
Schnurrbart 34, 35
Schulpferde 179
Schulter, steile 124
Schweif, loser 174
Schweifarbeit 174
Schweifziehen 174
Schweinsauge 26, 60, 82
Schwellungen 162
Selbstvertrauen 120
Senkrechten, hinter der 113, 125
Senkrücken 108, 167
Shagya-Araber 86
Shoman 86
Socks 151
soziale Kontakte 134
Spinnerhubbel 22, 31, 58, 72, 80, 81
Stab 170, 180
Starrsinns-Hubbel 129
Stecknadelohren 44, 89
steif 173
steile Schulter 124
Stern 183
Strecken der Halsmuskeln 124
Strecken der Nackenmuskeln 124

Tanzende Kobra 184
Teetassen-Nase 32
Teetassen-Nüstern 87
Tellington, Wentworth 12
Tellington-Jones Equine Awareness Method 13
Tennessee Walkers 26
Tez 91
Tierarzt 177
Trab, schlechter 179
Trachten, niedere 104
Trakehner 26
Trennwand 134
TTEAM 18
TTEAM-Arbeit 150
TTEAM-Beinübungen 175

TTEAM-Trainingsgebiß 185
Tubbs 89
Tulip 53, 98
Turnier 177

Ukura, Marcia 148
ungarische Kavallerie 100
Upton, Peter 54
Überempfindlichkeit 136
Überfütterung mit Hafer 130
Überfütterung mit Vitaminen 131
übertriebene Versammlung 125

Verbrecher, geborene 126
Verladen 177
Verletzungen 162
Versammlung 125, 128, 130, 135
Verspannungsgrad 168
Vitamine 131
Vollblut 79
Vollblüter 26, 98, 121
vorbiegig 105
Vorderzeug 101
Vorstellungskraft, positive 121

Wabbeln der Qualle 177
Wagner 112
Waschbären-Kreise 173
Waschbären-TTouch 173, 174, 177
Wärmebehandlung 128
Weizenähre 54
Welsh Ponys 26
Wentworth, Lady 26
Widerrist, hoher 110
Winkelung der Fesseln 121
Winkelung der Hufe 121
Winkelung der Schulter 121, 124
Winner 51, 86
Wirbel 13, 54, 167
Wirbelsäule 175
Wizard 88
Wolken-Leopard 46, 150, 158, 167, 171
Wunde 163
Wurmbefall 131

Yuma 92

Zahnfleisch 172
Zähneknirschen 172
zeheneng 103
Zigeuner 12, 13
Zunge heraushängen lassen 172

Ein Buch, das völlig neue Wege eröffnet

Linda Tellington-Jones/Sybil Taylor
Der neue Weg im Umgang mit Tieren
Der Tellington TTouch eröffnet neue Wege, um die Gesundheit und das Wohlbefinden unserer Tiere zu verbessern und tiefe Freude bei der Kommunikation mit anderen Lebewesen zu erfahren.. Er kann helfen, sie zu beruhigen, ihr Vertrauen wiederherzustellen und ihre Ängste und Schmerzen zu lindern. Einfache, einfühlsame Berührungen können eine bemerkenswerte Veränderung im Befinden und Verhalten Ihres Tieres bewirken! Die Autorinnen erläutern, wie Sie den Tellington TTouch selbst erlernen und anwenden können.
272 Seiten, 81 Abbildungen
ISBN 3-440-06627-4

Positiv denken, erfolgreich Reiten

Jane Savoie
Winning Feeling
Jeder kennt Beispiele dafür, wie sehr Erfolg und Mißerfolg von der persönlichen Einstellung abhängen können. Jeder kann aber lernen, positiv zu denken und sich die mentalen Strategien zunutze zu machen, die hier erläutert werden. Begriffe wie Erfolgsautomatik, mentale Bilder, die Kraft des Wortes oder das Als-ob-Prinzip - in anderen Sportarten, im privaten oder geschäftlichen Bereich längst anerkannt, gelehrt und mit Erfolg genutzt - werden hier angewandt auf die Reiterei aller Disziplinen. Viele Beispiele aus der Praxis untermauern und bekräftigen die Wirksamkeit der Methode.
142 Seiten, 44 Abbildungen
ISBN 3-440-06675-4

Dressur – sichtbar gemachte Liebe

Sigrid Eicher und Elisabeth Weiland
Fredy Knie
Fredy Knie sen. gilt nicht umsonst als einer der berühmtesten Tierlehrer der Gegenwart. Aus einem tiefen Verständnis für das natürliche Verhalten der Pferde heraus hat er sanfte Methoden der Kommunikation entwickelt. Dieses Buch erklärt, wie Pferde lernen - für die Arbeit im Zirkus, für das Freizeitreiten und im Sport. Eine Fülle von Bildmaterial verdeutlicht das Besondere an Knies sanfter Art, mit Pferden umzugehen, und belegt in ganzen Bildsequenzen den Erfolg von Fredy Knies Devise: „Dressur muß sichtbar gemachte Liebe sein".
92 Seiten, 180 Abbildungen,
ISBN 3-440-06672-X